特洛伊
TROY

[英]本·哈伯德 著

章姗姗 译

广东人民出版社
·广州·

人物表

古希腊诗人荷马的战争史诗《伊利亚特》(*Iliad*)、《奥德赛》(*Odyssey*,《伊利亚特》续集)和古罗马诗人维吉尔创作的《埃涅阿斯纪》(*Aeneid*)中的人物是本书中的主角。人物简介如下:

希腊人

阿喀琉斯(Achilles)

海洋女神忒提丝(Thetis)之子,希腊最伟大的勇士。盛怒之下,他杀死了特洛伊第一勇士赫克托耳(见下文)。

阿伽门农(Agamemnon)

迈锡尼(Mycenae)国王、希腊人领袖,他与阿喀琉斯间的矛盾差点让他战败。

海伦(Helen)

斯巴达王后,宙斯之女,是世界上最美丽的女子,因她被诱拐引发了特洛伊战争。

帕特洛克罗斯(Patroclus)

阿喀琉斯在军队中的密友,也可能是情人。他的死亡促使阿喀琉斯重返战场。

墨涅拉奥斯(Menelaus)

海伦之夫,阿伽门农之弟,希腊人发动特洛伊战争的其中一个原因就是为了挽救他的名誉。

奥德修斯(Odysseus)

希腊西部伊萨卡岛(Ithaca)国王,特洛伊木马计的设计者,史诗《奥德赛》的主角,此史诗讲述了奥德修斯在特洛伊陷落后的回家之旅。

特洛伊人

赫克托耳 (Hector)
特洛伊国王普里阿摩斯之子,仅次于阿喀琉斯的勇士。

普里阿摩斯 (Priam)
传说中城市(特洛伊)的伟大领袖,普里阿摩斯因其另一个儿子帕里斯的愚蠢行为而注定要死去。

帕里斯 (Paris)
虚荣懦弱,好色之徒,流连于卧榻女色而不愿上战场。

埃涅阿斯 (Aeneas)
特洛伊幸存者中的勇士和领袖,他将带领幸存者建立新的罗马文明。

诸神

宙斯 (Zeus)
众神之王,特洛伊战争中最开始支持特洛伊人,与其妻赫拉(见下文)达成协议后转变立场,支持希腊人。

赫拉 (Hera)
宙斯之妻,其对特洛伊人的恨意源于帕里斯没有选她,反而选了阿佛洛狄忒(见下文)为选美比赛的冠军。

阿波罗 (Apollo)
宙斯之子,特洛伊人的守护者,他给希腊人带来了一场瘟疫,因为希腊人不尊重他的祭司克律塞斯(Chryses)。

雅典娜 (Athena)
希腊人的守护者,她以凡人的身份出现,打伤了墨涅拉奥斯,打破了希腊与特洛伊军队之间的休战状态,使得战争再度开始。

阿佛洛狄忒 (Aphrodite)
爱神,特洛伊人的支持者,将海伦送给了帕里斯。

目录

001 引 言

007 第一章
特洛伊城

031 第二章
战士国王

061 第三章
女人的作用

091 第四章
野蛮的围攻

125 第五章
帕特洛克罗斯之死

155 第六章
众神、人类和荷马

185 第七章
破旧而出的新文明

引 言

  特洛伊可以说是欧洲历史上最著名的城市，描写特洛伊战争的诗歌也称得上是最伟大的作品。世人因诗歌而记住了希腊为期十年的围困和在特洛伊城墙前上演的一场关于"纷争、劫难和暴力死亡"的传奇。

那不勒斯的新堡（Castel Nuovo）15 世纪的青铜门上描绘了特洛伊陷落的画面。

特洛伊

战争史诗《伊利亚特》的作者荷马（Homer）并未讲述特洛伊城的陷落，而罗马诗人维吉尔（Virgil）描述了此城的陷落。他通过《埃涅阿斯纪》一书中的英雄——特洛伊王子埃涅阿斯，详细描述了希腊人对特洛伊人的残忍屠杀。他讲述了木马计以及希腊人是如何将特洛伊置于水火和刀光剑影之下的。在这场战争中，年轻人、妇女、老人无一人幸免：

皮洛士（Pyrrhus）走上前来，就像阿喀琉斯亲自进攻，无门栓无栅栏，守卫们无法抵挡袭击。不停撞击之下，门破了。铰链柱从柱槽里被猛拉下来，向外掉落。进攻者残暴地杀出了一条通道。

17世纪让·莫伯朗（Jean Maublanc）的画作再现了特洛伊被希腊人洗劫的画面。

通道被强行打开后,最前方的守卫被砍倒,希腊军队涌了进来,挤满了整个宫殿。这情景甚至比某条湍急的河流更猛烈,它冲破堤岸,浪涛滚滚冲倒一切障碍。

——维吉尔,《埃涅阿斯纪》,第二卷

在公元前13世纪的某个时候,战争摧毁了传说中曾辉煌而先进的贸易中心——特洛伊城。在此后的几个世纪里,这座城市荒废的石块、瓦砾和关于她命运的秘密一起被埋葬了起来。欧洲考古学家认为荷马笔下的特洛伊城就在土耳其的希萨里克(Hisarlik)。欧洲很少有比希萨里克更复杂的考古堆,这里埋葬的不是一个而是九个不同的城市。希萨里克的山丘上有骸骨、成堆的投石,以及被大火和暴力破坏的痕迹。这些遗迹或许可以佐证,特洛伊城曾努力自卫,但最终还是被攻陷了。这是否意味着荷马和维吉尔的故事是真的呢?

考古学家们希望证明它们是真的,证明希腊联盟曾航行到特洛伊,去夺回斯巴达(Sparta)国王墨涅拉奥斯被拐走的妻子海伦。但希腊人一开始并不能攻破特洛伊的城墙,因此他们围困特洛伊城长达十年之久,直至最后使用诡计进入了城内。海伦、奴隶、掠夺的财物和复仇便是希腊人获得的"战利品"。

第一个想要挖掘真相的人是19世纪的富豪海因里希·施里曼(Heinrich Schliemann),他是个幻想家,通过伪造证据来证明特洛伊的传说是真的,其考古挖掘的方法十分野蛮。因急于找到特洛伊城,施里曼在希萨里克的中心挖了一条很深的沟,毁坏了大量考古证据。不过,这位不专业的"考古学家"发掘出了迈锡尼国王的坟墓,如此也算是部分弥补了自己的过失。

荣誉和宝物

《伊利亚特》中的勇士们身处"英雄的时代",当时青铜时代的强国由一些贵族统治,这些贵族们醉心于打仗,一心想获得荣誉和宝物。荷马在书中描述了这种尚武精神的多样性:有顽固的阿伽门农,即迈锡尼的国王;有造成所有麻烦的懦夫帕里斯王子;有赫克托耳和阿喀琉斯两位注定要死亡的优秀勇士。

论打仗,没有人是阿喀琉斯的对手,但他易怒和自以为是的性格使得无数和他并肩作战的战士丧命。阿伽门农(阿喀琉斯的统帅)夺走了阿喀琉斯在战争中赢

公元前500年左右的青铜科林斯式(Corinthian)头盔。

得的女奴布里塞伊斯(Briseis),这使得阿喀琉斯不愿再继续作战了。希腊人面临屠杀时,阿喀琉斯正在帐篷里生闷气。将妇女作为商品使用是特洛伊的核心主题之一,抓女性奴隶作为战利品是青铜时代战争的现实情况。

伟大的迈锡尼文明的城邦①完全依赖于奴隶的劳动。迈锡尼的战士们袭击爱琴海上的定居点,烧杀抢掠,并抓俘虏作为强制劳动力。宫廷贵族的生活需要金银财宝支撑,因此战士们能成为"城市洗劫者"是光荣的。在皮洛斯(Pylos)宫殿发现的泥板上记录了数百名从安纳托利亚(Anatolian,位于今土耳其)海岸抢来的妇女。所以有些人怀疑《伊利亚特》中的海伦是否只是一种暗喻,用她来指代从特洛伊带走的众多妇女。

为了让阿喀琉斯重返特洛伊的战场,阿伽门农送给阿喀琉斯二十名美貌仅次于海伦的特洛伊女人。不过,阿喀琉斯对女奴隶的性需求一直存在争议。阿喀琉斯心爱的帕特洛克罗斯在战争中丧了命,这才使得阿喀琉斯重返战场继续作战。当听闻帕特洛克罗斯被杀害,阿喀琉斯悲痛欲绝,扑向帕特洛克罗斯的尸体号啕大哭。这种反应通常是失去丈夫的女子才有的,因此许多希腊人认为阿喀琉斯和帕特洛克罗斯不仅仅是兄弟战友,也是一对情人。

---

① 迈锡尼文明为古希腊文明的一个历史阶段,以迈锡尼为中心,包含若干古希腊城邦。本文所指迈锡尼人,有时泛指迈锡尼文明时期的古希腊人,有时特指迈锡尼城邦的人。

男男之爱

古希腊对男同性恋一直持开放的态度,甚至对此加以颂扬。一些城邦对娈童现象(男人和男孩之间的性关系)制定了详尽的法规。底比斯圣军(The Theban Sacred Band)是一支坚不可摧的精锐部队,由同性恋伴侣组成。希腊历史学家普鲁塔克(Plutarch)对此种军队模式的作战效率极为认同。

阿喀琉斯在盛怒之下开始为帕特洛克罗斯报仇,一段时间内他肆意杀戮,最终杀死了特洛伊王子赫克托耳。他在对方的脚踝上挖了个洞,这样他就可以用战车拖着其尸体在特洛伊城墙四周走动。这是《伊利亚特》中特有的残酷。荷马是文学暴力的大师,他让读者身临其境感受到其笔下的战士们被打成残废和被杀害的场景,战士们的头骨被劈开,眼球被打爆,他们的牙齿被长矛击碎,他们被砍下的头颅一边在尘土中滚动,一边还张着嘴说话。然而,与残酷相伴的是悲怆,荷马给每一个牺牲的战士都起了名字,记录了生平。战争中人类付出的惨痛代价从未被遗忘。

但在历史上,伟大的青铜时代中牺牲的人大部分都无名无姓。此时,地中海沿岸的大城邦屡次受到地震、饥荒和野蛮人的侵袭。随着黑暗时代的降临,许多文明的象征(如贸易、外交、文字等)不复存在。当希腊人从黑暗中重新崛起时,他们不得不以新形象示人,创造了新的字母。一位伟大的希腊诗人可能用这些字母来创作了《伊利亚特》。有了此书,特洛伊的故事变成了历史的一部分。

第一章 特洛伊城[①]

三千年来，世人对特洛伊的想象从未停止。最著名的故事莫过于阿喀琉斯和阿伽门农，特洛伊木马，伟大的特洛伊城和海伦的故事。海伦"有着引动千艘战帆，使高耸云端的伊利昂（Ilium，特洛伊）巨塔焚毁的脸蛋"。

[①] "特洛伊城"在本书中有时指神话中的特洛伊城，有时指历史上的特洛伊城，前者建立在后者的基础上、历史上的特洛伊城并未被完全证实，疑似特洛伊城的考古遗址也被称作特洛伊城。

在如今的土耳其希萨里克出土的特洛伊城废墟。

在荷马笔下，特洛伊［克里斯托弗·马洛（Christopher Marlowe）称之为伊利昂］是一座繁华绚丽的城市。在巨大的石灰岩城墙和塔楼的保护下，特洛伊像一颗镶嵌在岩石上的宝石一样高高在上，成为沿海的灯塔，在位于低处、风吹日晒的安纳托利亚平原和远处暗如酒红色的爱琴海上闪烁。

海伦就是被带到了特洛伊这座城市，她要么是受到引诱自愿来的，要么是被特洛伊国王普里阿摩斯的儿子帕里斯强制带来的。无论怎样，这都是对海伦的丈夫墨涅拉奥斯名誉的侮辱，由此引发了希腊大规模出兵攻打特洛伊。希腊联盟围困特洛伊长达十年，时间一久，联盟内部开始骚动起来，有土崩瓦解之势。希腊英雄们相互咆哮，争夺这场战争和过去其他战争中的战利品。

对很多战士来说，在一场动机存在争议的冲突中，他们能获得的主要回报就是战利品。时间一长，住在临时海滨木屋里的普通战士的生活就变得邋遢起来。白天，他们在眼前的战场平原上陷入了进攻和撤退的循环。夜晚，野狗在战场上吃死人的尸体，士兵们则回到用兽皮做的床上休息。在这里，平静的战场成了尸体、弃甲和黑血的黑色荒地。这些希腊士兵的背后停靠着准备把他们带回家的船舰，不过，船的船帆和船体早已腐烂。

这幅青铜时代特洛伊城的画作表明对该城高墙进行全面攻击不太现实。

内部矛盾

尽管大部分的希腊战士向来都很忠诚无畏,但他们大名鼎鼎的领袖间却产生了严重的分歧。在《伊利亚特》的开头,希腊最高领袖迈锡尼国王阿伽门农与希腊最伟大的战士阿喀琉斯因为一个女人发生了激烈的争执,而这个女人是阿喀琉斯的战利品。

两位英雄间的争论很快升级,变得狼狈不堪,他们开始人身攻击,毫无体面可言。阿喀琉斯指责阿伽门农贪婪懦弱,说他是个酒鬼,"眼睛像狗,满是傲慢,利欲熏心"。他说阿伽门农一心只想着战利品,眼里根本没有战斗——按重视荣誉的战士信条来说,这是极大的羞辱。

接着,阿伽门农指责阿喀琉斯傲慢、煽动叛乱,请他滚回希腊去,"再没有人像你一样令人厌恶,喋喋不休,藐视一切,带上你的船队和士兵滚回家去吧。"

怒气和躁动在他们之间弥漫开来,而他们所谓的战利品——海伦,却坐在特洛伊高大的城堡中并被保护了起来。在城堡里,她编织了一条深红色的毯子,讲述了因她而上演的故事。壮丽的特洛伊城与在临时营地中陷入不堪入耳争吵的希腊士兵

这幅作品展示了特洛伊城墙的北面。传说只有使用诡计才能使特洛伊城陷落。

形成了鲜明的对比。即便在战争期间,特洛伊城内仍平静无恙,家庭生活仍是人们的生活重心。城内繁荣舒适,资源充足,即便战争持续了十年,还是能用十二只母牛来祭奠神灵,并且,城外入侵者眼前的特洛伊高墙毫无坍塌之势。《伊利亚特》中有对此场景的描述:

普里阿摩斯国王的豪华宫殿由石头雕刻的柱廊装饰而成,殿里的五十间卧房无一例外均由粗削石建成,鳞次栉比地排列着,这些卧房是普里阿摩斯的儿子们及其妻子们就寝的地方;这些卧房的对面,即庭院的另一边,有十二座同样用粗削石建成的上层房间紧紧相邻,这些房间住着普里阿摩斯的女儿和女婿们。

——荷马,《伊利亚特》,第六卷

在《伊利亚特》的战争中,荷马呈现了两支对立的力量。这部史诗主要描述了阿喀琉斯、阿伽门农、普里阿摩斯、海伦和特洛伊城。特洛伊城最后因为诡计而陷落。藏着一小撮希腊士兵的木马成了一个强有力的象征,即便《伊利亚特》成书的两千八百年后,我们在日常交谈中仍用"特洛伊木马"作为隐喻。特洛伊木马终结了十年的围困,之后希腊人极其残忍地毁灭了这座伟大的城池。

特洛伊的故事宏大且具有不可避免的悲剧性。战争结束后,海伦作为墨涅拉奥斯的妻子回到了斯巴达;对希腊人来说,秩序恢复了;但对特洛伊人而言,有的则是毁灭和屠杀。

这幅在罗马城市庞贝(Pompeii)发现的镶嵌画描绘了《伊利亚特》中的阿喀琉斯和阿伽门农。

特洛伊木马

特洛伊人眼前有一个超大号的告别礼物，但礼物里实际上藏着一小撮希腊突击手，突击手们准备在夜幕降临之后屠杀特洛伊人，毁灭特洛伊城。特洛伊木马是特洛伊战争中最不可能出现的事物之一。奥德修斯自己和同伴一起爬出了木马，打开了城门，让刚刚折回的希腊士兵攻进了特洛伊城，墨涅拉奥斯在《奥德赛》中简要地叙述了这个故事。

难以相信特洛伊人会如此愚蠢地接受了这份礼物。正如《奥德赛》一书所言，特洛伊城内的人同样有疑虑。海伦如同一个女巫一样亲自绕着木马走了一圈，她模仿希腊士兵妻子们的声音，显然想让他们露出破绽。

"木马"又做何解释呢？一种观点认为"木马"实际上是一种攻城工具，一种装在马形结构中的撞锤，它可以撞倒城门。这种说法符合荷马对希腊的描述，因为当时希腊处于弱势地位，不得不使用诡计来扭转局势。

另一种说法称"木马"仅是一种隐喻，用来指代一场地震，它削弱了特洛伊城的防卫，足以使得希腊人进入城内。该说法认为，在古希腊，波塞冬（Poseidon）是地震之神，常以马作为他的标志。同时也有证据表明，在大概率是特洛伊遗址的地方发生了毁灭性地震。

或许，我们应该记住荷马首先是一个诗人，之后再去谈他的其他身份，他的诗是想象力的作品。他笔下的故事可能包括攻城工具和地震的古老记忆，同时也有关于人类之间背叛的见闻。那么，木马既是一种象征，也是对古老传说的一种重现。

更简单地说，特洛伊木马一般是用木头做的，所以它早就腐烂了。这匹"马"让考古学家捉摸不透的同时也让历史学家感到好奇。因此，这匹"马"目前还必须保持神秘。

但《伊利亚特》《奥德赛》《埃涅阿斯纪》和《史诗集成》（*Epic Cycle*）[①]的爱好者有一个重要的疑问：这些故事真的发生过吗？

---

① 指约形成于希腊黑暗时代的围绕特洛伊战争组织起来的相互联系的史诗作品，大部分已失传。

公元前675年的米克诺斯（Mykonos）花瓶是最早描绘"特洛伊木马"的物品，在此花瓶内发现了人骨。

寻找特洛伊

一个简单的问题和特洛伊挂钩就会变得复杂难解。不过，当然也有一些非常简单的问题，诸如：海伦是一个真实存在的人吗？希腊联盟会因为她与特洛伊人私奔而开战吗？特洛伊是否存在？特洛伊在哪里？特洛伊能经受住十年的围困吗？如果战争发生了，谁是战争的主角？阿喀琉斯、阿伽门农、普里阿摩斯、赫克托耳和帕里斯是真实存在的吗？最后，特洛伊木马是否真的存在？特洛伊人真的会天真到把它带到他们的城门内吗？

这些问题的大部分回答是：是的，有何理由不是呢？毕竟，历史上充满了比特洛伊战争传说更离奇的故事。不过，并没有确凿的证据证明特洛伊神话的真实性，也没有明确的证据表明海伦、阿喀琉斯和特洛伊木马就是十年围困故事的主角。但考古学和历史研究能给我们提供一些有趣的线索。

考古学家

考古学家常常极富想象力，富有浪漫主义情怀，早期挖掘特洛伊的考古学家正是此种类型的人。他们大多数固执地想要证明《伊利亚特》的故事是真的，他们想告诉世人吟游诗人的讲述是和历史相关的。不知何故，"基于真实故事"的诗似乎具备一种真实性，而这种真实性是纯粹幻想的作品不曾有的。

在早期寻找荷马史诗中特洛伊的人中，最早也最有名的一个是19世纪的德国商人海因里希·施里曼。施里曼是一个白手起家的百万富翁，他被称为"迈锡尼考古学之父"，曾被认为是考古学的奠基人之一。施里曼1868年第一次到土耳其时，考古学这门学科还处于初始发展阶段。然而，施里曼虽发现了现在被称为是特洛伊城的大部分遗址，但他是一个自吹自擂之人，是一个无赖和自我膨胀的幻想家，他通过伪造证据来证明特洛伊的传说。尽管施里曼表里不一，但无论如何他还是给考古界带来了一些重要的发现。

1870年，施里曼和考古学家弗兰克·卡尔弗特（Frank Calvert）在希萨里克这样一个碎石遍布的小山丘开始了他们的挖掘考古工作，施里曼坚信特洛伊城就被

> 他是一个自吹自擂之人，是一个无赖和自我膨胀的幻想家，他通过伪造证据来证明特洛伊的传说。

海因里希·施里曼在监看挖掘，此次挖掘在希萨里克中心挖出了一条深沟，毁坏了众多考古证据。

埋藏在希萨里克丘下面。从施里曼的日记里可以看到，当时他手里拿着《伊利亚特》的副本，站在希萨里克丘上惊奇不已。他陷入想象，似乎看到了希腊军队在下面的平原上集结。最后，因为黑暗和难以忍受的饥饿，他才退下过夜。

施里曼坚持认为找到荷马笔下的特洛伊城是他一生的梦想，他对特洛伊城的迷恋源于孩童时期父亲向他描述的特洛伊城景象。这似乎很稀奇，施里曼沉迷于编纂自己的记录，这其中包括十一卷自传、十八本旅行日记、六万封书信和近两百册关于挖掘的笔记，然而在他四十五岁从生意场上退下来前，他的这些记录里从未提及特洛伊或《伊利亚特》。

尽管施里曼习惯于粉饰自己的历史，但毫无疑问，他把自己的余生都献给了特洛伊。他意气风发，带着两百名挥舞着镐头的队员走上了希萨里克丘。卡尔弗特向施里曼解释说希萨里克丘可能有很多层，他需要深挖才能找到据说是公元前13世纪的城市。

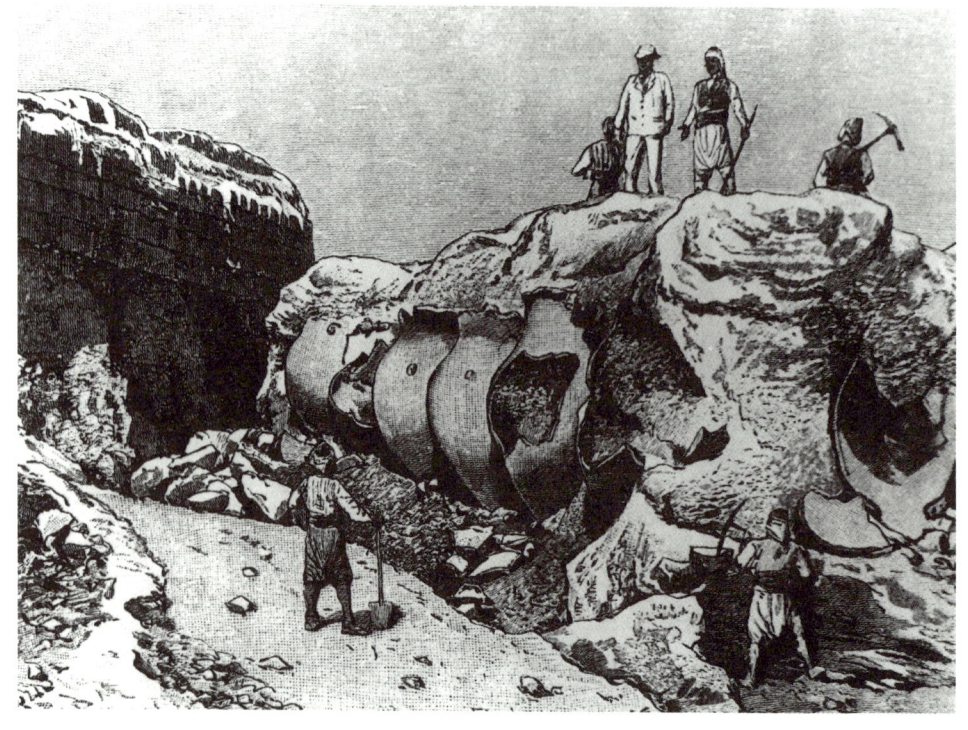

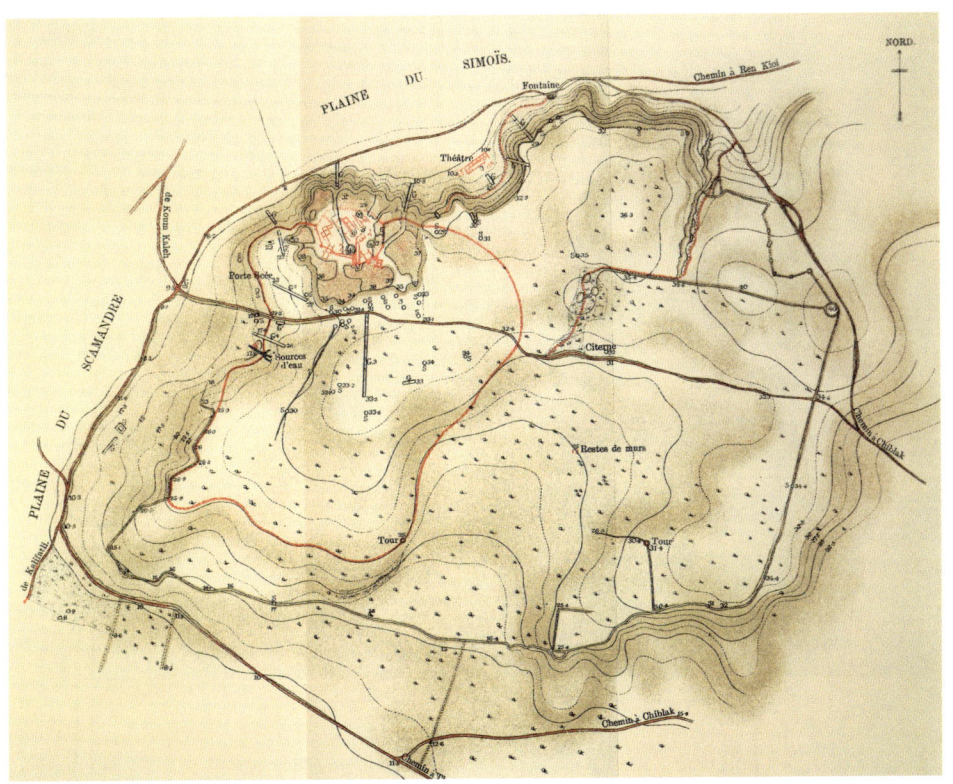

海因里希·施里曼绘制的这幅图展示了他认为荷马所描述特洛伊城的模样。

施里曼带领的人员在希萨里克的挖掘十分迅猛,他们在山丘的中间挖了一个十四米深的沟,在此过程中破坏了很多珍贵的考古证据。最后,挖掘人员在希萨里克内部不止发现了一座城市,而是数座城市,这些城市层层叠压。在靠近底层的地方,一个之后被称为特洛伊2城(Troy II)蔚为壮观的城市出现了。这里有城墙,有可以容纳两辆并排行驶的战车的宽阔铺路:这似乎正如荷马诗中所言。更令人好奇的是,施里曼发现了火烧城墙的证据,因此他称特洛伊2城为"被火烧过的城市"。那么这个证据是希腊人将特洛伊夷为平地的那把火遗留下来的吗?

部分特洛伊古道。因古道足够宽，可容纳下一辆战车，所以施里曼将其作为证据来证明《伊利亚特》故事的真实性。

国际轰动

施里曼的发现在考古和古典研究界引起了一场小小的轰动。几个世纪以来，荷马笔下的特洛伊一直被认为是一个神话故事，一个逝世已久的吟游诗人所讲述的一个久远的故事。如今看来，这个城市可能真的存在。这位商人（施里曼）自豪地吹嘘道：看看，这些伟大的城墙，传奇故事的疑云之下是坚如磐石般的事实。

但施里曼发现了什么证据呢？事实上，除了烧焦的城墙、巨大的瓦砾和土堆，其他证据很少。当时欧洲的一些怀疑者很快将"荷马之城"斥为"荷马猪圈"，甚至连施里曼自己也开始有所怀疑。他迫切需要一些确凿的证据。

无论是出于巧合还是必然，1873年施里曼的机会来了，之后他向世人了展示了考古学历史上最伟大的发现之一，即他称为"普里阿摩斯宝藏"的一批珍贵物品。施里曼称在一个早晨，他和他十几岁的妻子索菲亚（Sophia）发现了此批宝藏，里面有金、银和铜制的武器以及珠宝。索菲亚用围裙兜装了很多小物件，包括一些戒指、手镯和一个王冠，并将它们带回房间进一步观察。她穿戴上这些珠宝后拍了张照片，这张照片之后广为流传。索菲亚戴的这些珠宝之后被认定为"海伦的珠宝"，而之后这些珠宝被装入一木箱从土耳其偷运回施里曼在雅典富丽堂皇的家中。

这一发现使学术界为之沸腾，并激起了大众的想象力。但整个事件令人起疑。首先，发现藏品的时候索菲亚并不在现场，而正和她的家人在雅典。此外，这批藏品并不是一次性全部被发现的。相反，有证据表明，在整个挖掘期间，一直有一些较小的发现，施利曼将这些小发现归结到一起，以显示自己挖掘工作的成功。"普里阿摩斯宝藏"的标签带来了巨大的宣传力，但整个事件与史实不符。实际上，这些宝藏可追溯至公元前2300年左右，而一千年后，才出现了荷马笔下的特洛伊城。因此，特洛伊2城不可能是史诗里所描述的城市。

施里曼私下里也有过疑虑。特洛伊2城不过是一个一百米见方的城堡；它太小了，不可能是特洛伊战争中的宏伟城市。累人的挖掘出土工作放大了施里曼这种失望感，疟疾、毒蝎、咬人的昆虫以及不间断的风沙、难抵的酷热使施里曼生了病，他情绪低落，无法监管挖掘工作。

施里曼和当地政府之间也存在一些问题。此前，施里曼没有意识到挖掘需要当地政府的许可，而挖掘后，奥斯曼（当时土耳其属于奥斯曼帝国）政府因本国宝藏被窃十分恼怒，随即提起诉讼。施里曼为了解决此争端，提出之后会捐出大量出土宝藏。不过施里曼并未遵守诺言，没有分给奥斯曼政府任何出土物品，并且也破坏了挖掘地原有的结构，这给继施里曼去希萨里克挖掘的所有考古学家带来了巨大的麻烦。

索菲亚·施里曼穿戴着"海伦的珠宝"拍完照后，这些珠宝就被装在一个箱子里偷运出了土耳其。

特洛伊在哪里

　　特洛伊城的遗迹位于地中海的东北角,也就是现在的土耳其,它占据着达达尼尔海峡(Dardanelles,连接黑海和爱琴海的一条狭窄的直道)南部入口处的战略要地。狭窄的达达尼尔海峡通过马尔马拉海(Marmara)将黑海和爱琴海连接起来。

　　特洛伊位于斯卡曼德河、西摩伊斯河 [the Scamander and Simois Rivers,如今称为门德雷斯河(Menderes)和杜姆瑞克苏河(Dumrek Su)] 之间,俯瞰着青铜时代的巨大海湾,海湾后因淤塞成了农田。这就是特洛伊的土地——特洛阿德(Troad)。因地处地中海文明和东方文明的贸易线上,特洛伊成了重要的商业中心;自古人们就对达达尼尔海峡十分熟悉,因此途经此海峡的商人会将特洛伊作为歇脚点。

希萨里克鸟瞰图,从中可看到特洛阿德和达达尼尔海峡。

迈锡尼

在等待诉讼风头过去时,施里曼将关注点转向了荷马故事中希腊一方。如果特洛伊真的存在,那么攻打它的希腊人也是一定存在的。那么自然而然一切的起点应是迈锡尼的宏伟宫殿。据说在这座宫殿里,斯巴达国王墨涅拉奥斯请求其兄弟阿伽门农帮他夺回被带走的妻子。

施里曼1874年到迈锡尼城堡时,这个地方已经荒废了两千年。迈锡尼城堡位于希腊大陆的伯罗奔尼撒半岛,在圣以利亚山(Hagios Elias)和查拉山(Zara)之间俯瞰,山下是绵延的阿尔戈斯(Argos)平原。对施里曼而言,这座城市似乎就像荷马描述的那样,街面宽阔,金光闪闪。气派的狮城门上的城堡对阿伽门农来说是个不错的休憩之地。根据传说,阿伽门农从特洛伊返回家时,被他的妻子克吕泰涅斯特拉(Clytemnestra)及其情人埃癸斯托斯(Aegisthus)所杀害。

对施里曼而言,找到阿伽门农的墓穴就能确认这个古代的国王是真实存在的,那么荷马时代的英雄们便也是真实存在的。1876年夏末,施里曼的确去寻找了阿伽门农的墓穴。

施里曼并非首位在迈锡尼挖掘的考古学家,但他是第一位在迈锡尼城堡内挖掘的人。刚挖掘几米,他就找到了价值不菲的东西。首先出现在眼前的是一些直立的石墓碑,一些墓碑上刻有坐在战车上的士兵。但最精彩的还在后面:长方形的墓穴中有十九个成人和两个孩子的遗体,每个遗体上都覆盖着金子。戴在男人脸上的是用薄薄的金片打成的肖像面具,他们的胸前有金制的玫瑰花和旭日形装饰。妇女们头上戴着王冠,所有的成人身上都佩戴着铜剑和匕首,剑柄和刀鞘上绘有打猎和战斗的图案。除此类令人咂舌的宝物之外,还有很多其他东西如金制、银制的高脚杯和匣子,象牙制成的箱子,以及数百个装饰有动

施里曼称这箱为"普里阿摩斯宝藏"的珍贵物品是他和妻子索菲亚在1873年某个早晨发掘的。最后发现这是施里曼的一个谎言。

物图案的金盘。

施里曼确信他眼前所看到的人像和宝物就是《伊利亚特》中所描述的。两者之间关联太多,不可能不是如此。在这些金制物件中,有荷马描述的野猪獠牙头盔和埃阿斯(Ajax)①携带的"塔盾",甚至还有赫克托耳送给埃阿斯的"镶银剑"。当时,这一发现被认为是考古界最伟大的发现之一,施里曼在他的《迈锡尼》一书中描述了这一发现:"我一直坚信特洛伊战争发生过。我对荷马和特洛伊传说的充分信任从未被现在的批评所动摇,也是我的这种信仰让我发现了特洛伊及其宝藏。"

只是,施里曼又一次错了。简单地说,这些坟墓是更早时期的,甚至与所谓的阿伽门农时代完全没有关系。证据便是这些黄金,其可追溯至约公元前1600年,比荷马描述的特洛伊时代要早四百年。考古学的复杂性,以及将神话与事实对接起来的做法再一次让这位商人失败了。不过,最重要的是施里曼被特洛伊和迈锡尼出土的财物弄得眼花缭乱,从而忽视了一个更小但更重要且能让两个城市有所关联的发现,即迈锡尼陶器的碎片。

弗兰克·卡尔弗特等同行曾向施里曼坚称,在希萨里克发现的迈锡尼陶器与他寻找特洛伊的工作很有相关性,不应该被忽视。然而,陶器是在特洛伊6城和7城被发现的,这两个城在遭到狂热挖掘的特洛伊1城和2城之上。如今,施里曼意识到上层城市中很多有价值的东西都被简单地丢弃了,他为了快速地找到他认为的特洛伊城,破坏了许多曾经呈现在他面前的证据。施里曼确信自己还有时间实现梦想。于是,1890年他又开始了另一次挖掘,但在那年的圣诞节,他在那不勒斯病倒,次日便逝世了。特洛伊长久以来的神秘彻底战胜了第一位探索特洛伊神话的考古学家。

施里曼在希萨里克发现了特洛伊的宝藏。

① 阿喀琉斯的堂兄弟。

在迈锡尼墓穴中出土的其中一件黄金锤揲而成的死亡面具。

重见天日

施里曼逝世后,他的助手威廉·德普费尔德(Wilhelm Dörpfeld)接手了他的工作。和施里曼一样,德普费尔德也是一个不可救药的浪漫主义者,沉迷于找到传说中的特洛伊城。然而,与他之前的前辈兼老板施里曼相比,德普费尔德是一个相当谨慎的考古学家。作为一名建筑师,他试图建立特洛伊6城的整体形象,在此城发现的迈锡尼陶器表明,这个城市最有可能是荷马笔下的特洛伊。

威廉·德普费尔德是施里曼的助手和继任者。

特洛伊的九座城

一般认为，特洛伊遗址包括九座跨度达四千多年的城市，对每个城市的简介如下：

特洛伊1城：始建于公元前3000年左右，这是一个小城堡，城堡里有约二十座长方形泥砖建筑物，城堡有周长约九十米的防御城墙。地势较高的特洛伊1城拥有居高临下的战略位置，并可通过达达尼尔海峡进入海上贸易路线。

特洛伊2城：约建于公元前2500年，特洛伊2城沿着特洛伊1城城堡加建了一些泥砖屋，以容纳不断增长的人口。城堡有两道门保护，并有被称为大厅的大型长方形建筑，这些建筑是城市的宗教和政治中心。特洛伊2城可能毁于大火。

特洛伊3城—5城：特洛伊2城毁灭之后，此定居点进入衰落时期。人们对特洛伊3城、4城和5城的信息知之甚少，只知道它们变得更小、更坚固，并完全局限于城堡内部。在度过一段相对隔绝的时期后，一个新的城市，特洛伊6城，约在公元前1900年出现了。

特洛伊6城—7城：青铜时代的大型城市特洛伊6城和7城由巨大的防御墙、塔楼和沟渠保护，城内大约有八千名居民。城市的经济以贸易和家庭手工业为中心，如纺纱、织布和用贝壳制造紫色染料。

特洛伊8城：约公元前1100年，特洛伊7城被遗弃后，在公元前700年左右又重新出现特洛伊8城，这是一座希腊化的城市，名为伊利昂。卫城、广场和神庙是那一时期希腊城市的典型建筑。

特洛伊9城：公元前85年伊利昂被罗马人洗劫，成为罗马城市，由将军苏拉（Sulla）部分重建。奥古斯都大帝（emperor Augustus）后来把伊利昂建成了一座大城市，它一直延续到公元324年左右。之后君士坦丁堡建立，特洛伊进入最后的衰落时期。

德普费尔德没有从特洛伊中间挖掘，而是在其周边挖掘。与施里曼的发现相比，德普费尔德很快有了一个看似和特洛伊神话更相关的发现，即宏伟高耸的城墙。埋藏在地表十五米之下的厚石灰岩城墙有八米高，其两侧是大型的眺望塔。这些城墙比迈锡尼周边的所有防御建筑要复杂巧妙得多。还有令人信服的证据将这些城墙与

《伊利亚特》联系起来：正如荷马所描述的那样，这些城墙是向内倾斜的。这些墙会不会就是《伊利亚特》第十六卷中帕特洛克罗斯几乎是单枪匹马就攀登上的那些墙呢？

帕特洛克罗斯的长矛飞向四方，如果不是帮助特洛伊人的阿波罗站在城墙上不让他得逞，那么阿开奥斯人（Achaeans，在荷马史诗中泛指当时的希腊人）的子民们现在就已经通过帕特洛克罗斯之手夺取了特洛伊。帕特洛克罗斯对准方向，三次将长矛掷向城墙，阿波罗三次将他击退，用自己的"不坏之手"击打他的盾牌。当帕特洛克罗斯第四次像神一样冲过来，阿波罗用令人不寒而栗的声音大喊道："退下吧，高贵的帕特洛克罗斯，你没那个命来洗劫特洛伊城，比你强很多的阿喀琉斯也没这个命。"听了这话，帕特洛克罗斯向后退了一段距离，以躲开阿波罗的怒火。

——荷马，《伊利亚特》，第十六卷

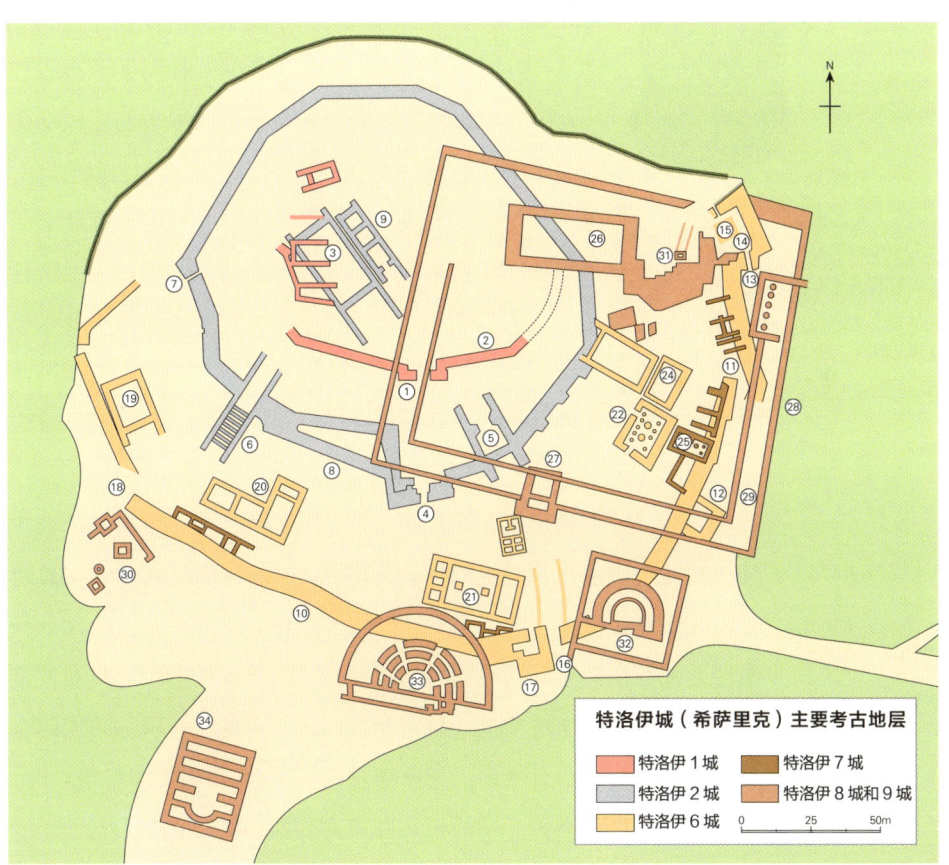

特洛伊九城地图。

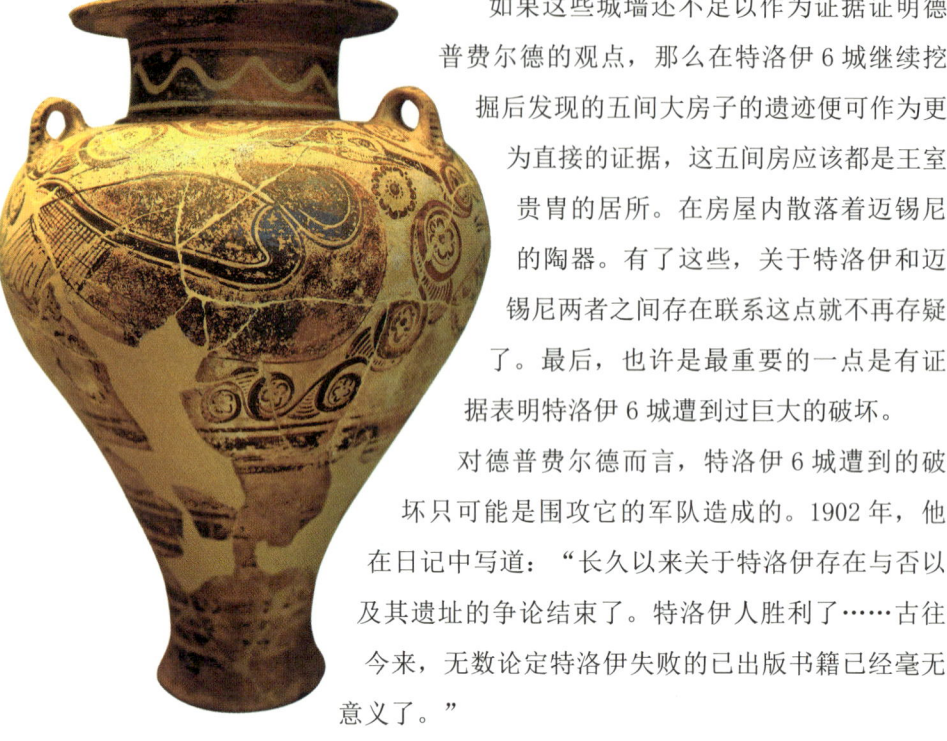

在迈锡尼发现的壶,壶上的艺术作品在很大程度上借鉴了米诺斯艺术风格。

如果这些城墙还不足以作为证据证明德普费尔德的观点,那么在特洛伊6城继续挖掘后发现的五间大房子的遗迹便可作为更为直接的证据,这五间房应该都是王室贵胄的居所。在房屋内散落着迈锡尼的陶器。有了这些,关于特洛伊和迈锡尼两者之间存在联系这点就不再存疑了。最后,也许是最重要的一点是有证据表明特洛伊6城遭到过巨大的破坏。

对德普费尔德而言,特洛伊6城遭到的破坏只可能是围攻它的军队造成的。1902年,他在日记中写道:"长久以来关于特洛伊存在与否以及其遗址的争论结束了。特洛伊人胜利了……古往今来,无数论定特洛伊失败的已出版书籍已经毫无意义了。"

又过了三十年,德普费尔德关于"争论结束"的观点遭到了质疑。德普费尔德认为在特洛伊6城发生了特洛伊战争,而另一位美国考古学家卡尔·布莱根(Carl Blegen)的发现与德普费尔德的观点恰恰相反。

1932年,布莱根开始在希萨里克进行挖掘,和他的前辈们一样,他的目的也很明了,他希望此次挖掘能彻底解决特洛伊的难解之谜。他将目标锁定在特洛伊6城,此前德普费尔德认定此城是被一群入侵的军队所破坏。布莱根同样认为现有的证据表明特洛伊6城曾遭受巨大破坏,但不确定造成破坏的原因是什么。比如,有一部分外墙连地基都被拔起,其他的内墙也倒塌了。传说中的巨人或众神带领的军队也许能像这样摧毁特洛伊,但这不可能是一群为阿伽门农效力而作战的希腊人所为。德普费尔德在1935年再次参看遗址时,也不得不承认特洛伊6城的破坏并未人为而是大自然的力量——地震造成的。

在特洛伊 6 城寻找发生过地震的证据时,布莱根有了一个新想法。简而言之,在特洛伊 6 城和 7 城之间不存在文化断层,同一批人在两城都生活过。特洛伊 6 城的人只是在旧城之上建立了特洛伊 7 城,并继续生活在此。

在希萨里克出土的一堵城墙,是特洛伊 6 城的一部分。

毁于地震

施里曼、德普费尔德和布莱根都在寻找能把特洛伊的陷落与考古学联系起来的绝对证据。然而,他们却忽略了学术常识,即诗人笔下的重构故事可能基于多个真实事件。比如说,这座城市可能被地震摧毁,或者遭到地震破坏后被军队攻陷。会不会是几个历史事件的共同作用导致了特洛伊的陷落?罗马诗人维吉尔对特洛伊城陷落的经典描述让人们想到在众神攻击下,城墙摇摇欲坠、大地断裂移动的画面:

我看到众神使出全力攻击的可怕情景,他们是特洛伊的敌人。那一刻,我似乎看到整个伊利昂陷入火海,涅普顿(Neptune)的特洛伊轰然倒塌,就像高山上的古桦木,农民用双斧一斧一斧地努力把它砍倒;它一次次地摇摇欲坠,树叶和枝头不停颤抖着,最后它倒下了,发出垂死的呻吟,沿着山脊留下一片废墟。

——维吉尔,《埃涅阿斯纪》,第二卷

城市似乎也有必要重建：第一，地震造成了破坏；第二，新的敌人威胁到了这里。特洛伊 7 城被占领期间，发生了翻天覆地的变化，变化最明显的就是位于城市最高点的贵族们的大房子，它们被粗制滥造的墙分隔成几个房间。房间地板里埋藏着储物罐。原本是一家一户的大型气派住宅，如今快速简单改造成可以容纳数人的隔断空间。这座城市变成了一个棚户区，到处搭建着临时房屋用来容纳涌入的难民们。

不过布莱根最引人注目的观点是：特洛伊 7 城最终毁于战争，更确切地说，毁在一支侵略军手里。

布莱根对此观点有强有力的证据佐证：用过的废弃箭镞，城堡街道上裸露的骷髅，以及墙壁上的焦痕都是证据。同他的前辈们一样，布莱根确信他的发现意义重大。被火烧过的特洛伊 7 城定居点的废墟中到处可见人体遗骨，也足以说明它是被暴力所破坏的。不需要什么想象力，我们就可以看到一个古老城镇被无情的敌人烧杀抢掠的场景……就像荷马史诗中对掠夺性远征的描述那样生动。

卡尔·布莱根于 1932 年开始在希萨里克进行挖掘，他希望能解开特洛伊的谜团。

所有的一切似乎都表明特洛伊遭到围攻之后，城内居民纷涌至城内最高点躲避暴力。当围攻者在攻击特洛伊城墙时，城内居民正蜷缩在一个快速搭建的临时棚户区里。之后，伴随着暴力而

特洛伊 7 城城墙，有证据表明此城毁于战争。

来的就是屠杀、掠夺、强暴和囚禁——维吉尔在《埃涅阿斯纪》中生动地描述了特洛伊的陷落。

尽管布莱根有了这些发现，但他的观点里有一个巨大的漏洞，即这座城市的规模。我们知道，据描述，特洛伊是青铜时代最大的地中海城市之一，其建筑物的墙壁让旁观者确信这城财富惊人。然而，施里曼、德普费尔德和布莱根发现的城市都小得令人失望。面积仅为四万平方米的特洛伊7城很难称得上是荷马笔下的宏伟城市。世界需要有新的考古发现来证明特洛伊与其说是神话，不如说是更有根据的传说。

特洛伊6城和7城

事实证明确实如此。大约在布莱根完成他在希萨里克挖掘的五十年后，德国考古学家曼弗雷德·科夫曼（Manfred Korfmann）开始了新的挖掘工作。科夫曼利用最新的高科技放射性碳定年技术，试图确定特洛伊6城和7城的规模，以及它们最终陷落的原因。从一开始，科夫曼就明确表示，他不是去研究荷马或特洛伊战争的，他挖掘的直接目的是为了进一步了解备受关注的青铜时代遗址。

不过，科夫曼偶然发现了一个至关重要的证据，它似乎将荷马笔下的故事和特洛伊城联系了起来。对科夫曼来说，这个证据表明特洛伊6城和7城仅是下层深处的大型城市的一小部分。他发现的特洛伊城占地面积近30万平方米，比此前任何一个城市都要大15倍，是青铜时代的特大城市。

布莱根发现的特洛伊面积很小，不可能是传说或神话故事中的城市，科夫曼的发现却揭开了此城的谜底。很显然，布莱根、施里曼和德普费尔德只挖掘出了矗立在大型下层城市之上的城堡，这是青铜时代后期定居点常见的布局。除此之外，科夫曼还证实了泉洞的存在。泉洞是特洛伊城下的管道网，用来给城市供应水。

但最戏剧性的发现还在后面。1995年，科夫曼发现的证据表明，特洛伊7城的底层部分是被大火和战争摧毁的。在此区域周围挖掘出了人类骸骨，在一个旧储藏室里还挖掘出了成堆的"投石"。进一步观察后发现，储藏室下面的一层，即特洛伊6城的一部分，明显是被地震破坏的。那时的特洛伊城确实先受到了自然灾害的侵袭，后又受到了军队的猛烈进攻。因此，定论已经得出：特洛伊7城，一个有成千上万人口的繁荣大城市，最终毁于战争。那么，根据科夫曼的说法，特洛伊 7 城发生了什么呢？

科夫曼说道："地震之后又有大火，如今证据都烧了。在众多骸骨中，我们发现了一个十六七岁的女孩，脚被火烧了，有一半的身体被埋在地下。在城市里，满是尸体很是奇怪，因此一些尸体被快速地埋在了公共场所之下，我们还发现了成堆的投石。这座城市受到了围攻，人们进行防御保护城市。但他们输了，他们很轻易地被打败了。"

科夫曼很快又补充说，他也不知是谁出于何种原因要攻打特洛伊。除了在特洛伊 6 城和 7 城发现的迈锡尼陶器碎片外，到如今根本没有其他考古证据能将特洛伊和迈锡尼联系起来。放射性碳定年技术表明这些陶器碎片可追溯至特洛伊战争时期，即公元前 13 世纪的某段时间。不过，从这些陶器可以很轻易地推测出特洛伊战争发生的时间更加久远。如果迈锡尼曾是特洛伊最大的贸易伙伴之一，那么特洛伊为什么会切断能给自己带来巨额收入的贸易关系呢？迈锡尼国王阿伽门农会因为兄弟妻子的纠纷就灭掉自己的贸易伙伴吗？

因此，曾在被挖掘的遗址中生活过的人们，才是能决定荷马故事真实与否的关键。同样，更重要的是，它也能证明迈锡尼和特洛伊之间的关系。

特洛伊 7 城出土的母神雕像，如今被收藏在土耳其的恰纳卡莱考古博物馆（Canakkale Archaeological Museum）中。

这些幽灵般的人物和其他古代人（从古埃及人到古罗马人），他们不仅相信特洛伊战争是世界历史上的真实事件，而且还知道它发生的地点以及核心人物是谁。

我们接下来要讨论的是青铜时代晚期的文明，以及这一时期地中海沿岸的两个"超级大国"：迈锡尼和赫梯（Hittite），以及领导这些民族的战士国王。

除了在特洛伊6城和7城发现的迈锡尼陶器碎片外，到如今根本没有其他考古证据能将特洛伊和迈锡尼联系起来。

在特洛伊6城发现的部分陶器，现藏于伊斯坦布尔考古博物馆。

考古学家曼弗雷德·科夫曼清楚地表明，他来希萨里克的目的不是为了研究特洛伊战争。

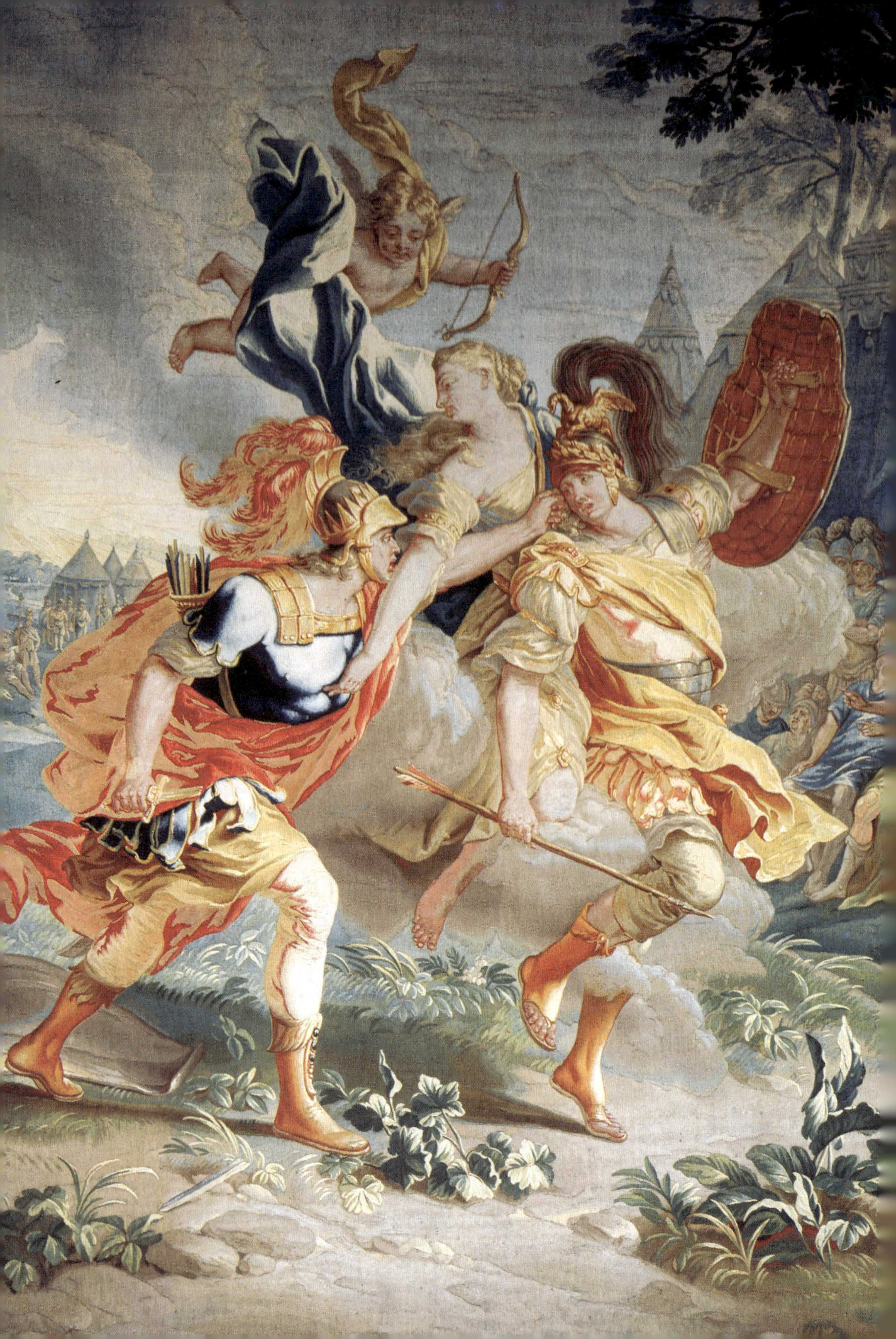

第二章　战士国王

《伊利亚特》中最伟大的英雄是阿喀琉斯和赫克托耳，这两位传奇战士因作战英勇备受世人尊敬。较具争议性的人物是希腊领袖阿伽门农和特洛伊王子帕里斯，他们胆小懦弱，自负傲慢。

一幅创作于1740年的织锦画，出自让－弗朗索瓦（Jean-Francois）和皮埃尔·范·登·博格特（Pierre Van den Borght）工作室，画面中阿喀琉斯正在追击受到阿佛洛狄忒女神保护的帕里斯。

青铜时代的"超级大国"由贵族统治,这些贵族们醉心于战争,一心想要通过战争获得荣誉、同伴间的尊敬、声望以及能长久留存的遗产。荷马笔下的英雄和这些人没有什么不同。不过,有时候我们需要去看看那些懦弱的战士是什么样子的,如此一来才会清楚什么是英雄所为。

《伊利亚特》中,没有比特洛伊王子帕里斯更懦弱的人了,他拐走了斯巴达的海伦,使得希腊联盟出兵特洛伊。对于帕里斯的家人来说,他的行为完全可以猜得到,其父亲普里阿摩斯说他的五十个儿子好坏参半:"高贵的内斯特(Nestor),无畏的战车手特洛伊罗斯(Troilus),还有赫克托耳……我的这些儿子都是整个特洛伊最勇敢的人,但我的另一些儿子却令我感到耻辱,他们说谎、无所事事、寻欢作乐是一流的,而且还抢自己子民的羊和孩子。"

《伊利亚特》中真正的英雄赫克托耳和普里阿摩斯一样瞧不起帕里斯。他这样说他的兄弟:"心肠坏的帕里斯,虽然仪表堂堂,但是对女人痴迷疯狂,口是心非,但愿你从未出生过,或者未婚先亡。宁可如此,也不要活得不光彩。"

《伊利亚特》中,帕里斯的通常做法是在被责骂后再承认事实:"你对我的责骂合情合理。"然后他提醒批评他的人,所有人都是神造的。帕里斯[或被称为亚历克山德罗斯(Alexandrus)],并非英雄,因为他顺从地接受了他作为一个好色之徒和懦弱战士的命运。然而,帕里斯有很多机会展示他的战斗力,并缓和特洛伊同伴们对他的敌意。当两支强大的军队在平原上对峙时,帕里斯能一展英姿的时刻到来了:

两军相向而行,咄咄逼近,亚历克山德罗斯(帕里斯)作为特洛伊人一方的英雄站了出来,他肩上扛着豹皮、弓和剑,并挥舞着两根青铜长矛,向最勇敢的阿开奥斯人发出与他一战的挑战。墨涅拉奥斯看到亚历克山德罗斯这样大步走到队伍前面,就像一只饥饿的狮子看到山羊或有角雄鹿的尸体,当场就能把它吃掉了一样高兴,而不管狗和年轻狮子向它扑来。墨涅拉奥斯看到亚历克山德罗斯时,他如此高兴,因为他认为现在该报仇了。于是他从战车上跳下来,穿上了他的盔甲。

当看到墨涅拉奥斯走上前来,亚历山德罗斯吓了一跳,在手下的掩护下退缩了回去。亚历山德罗斯就像在山林中突然遇到毒蛇一样,他吓得退缩,浑身发抖,脸色苍白。一看到阿特柔斯(Atreus)的儿子他就吓得跳进了特洛伊勇士群中。

——荷马,《伊利亚特》,第三卷

公元前 1 世纪的帕里斯雕像。

雅克－路易·大卫（Jacques-Louis David）1788年创作的油画《海伦与帕里斯之爱》。

帕里斯看到他那强大的对手，不禁颤抖了起来。赫克托耳斥责他道："难道不是你从遥远的国家，从一个不乏战士的民族中带回了一个结过婚的美丽女子？难道不是你给你的父亲、城市以及整个国家带来悲伤，而给你的敌人送去欢乐，给你自己扣上了一顶耻辱的帽子吗？现在难道你不敢面对墨涅拉奥斯，不想知道你是从怎样的一个人手中夺走他的妻子的吗？"

像往常一样，帕里斯承认了他哥哥的话没错。之后他提出了一个不情愿的解决方案。

赫克托耳，你说得没错……如果让我和墨涅拉奥斯决斗，那就让特洛伊人和希腊人坐下来观战，我和墨涅拉奥斯就在他们中间为海伦和她的财产而决斗。

战斗获胜的人是更厉害的人，能带着海伦和她的一切回家，输的人要对着庄严的和平盟约起誓,特洛伊人要留在特洛伊,而其他人则要回到阿尔戈斯人(亦泛指当时的希腊人)和阿开奥斯人的地盘。

——荷马,《伊利亚特》,第三卷

墨涅拉奥斯和帕里斯因为海伦进行决斗。

决斗

要通过这两个人,而非两支军队之间的决斗来解决海伦的问题。这个时刻对于希腊人、特洛伊人和读者来说都是一个喘息的时刻:这两个引发战争的人能通

海伦和普里阿摩斯国王从特洛伊城墙的安全处观看墨涅拉奥斯和帕里斯的决斗。

过决斗体面地解决问题吗?能避免更多的人流血牺牲吗?赫克托耳向希腊人宣布了这个建议,他们脱下盔甲,在战场上坐了下来。墨涅拉奥斯要求普里阿摩斯从城墙上放下祭品以达成协议。海伦自己也从城墙往下观望着。决斗战场已经为英雄们准备好,按照史诗战士传统,一场生死决斗将要拉开帷幕。然而,实际的情况并非如此。

荷马用四十行文字描述了这一场很短的决斗。决斗伊始，帕里斯将长矛掷向墨涅拉奥斯，击中了对方的盾牌。然后，墨涅拉奥斯的银刺剑砍向了帕里斯的头盔，头盔被砍碎了。墨涅拉奥斯还抓住帕里斯的头盔下颌带，将他拖向希腊人的队伍。就在帕里斯要窒息时，神突然干预到此场决斗中了。帕里斯的守护神阿佛洛狄忒弄断了帕里斯的头盔下颌带，并降下了一团雾，趁机保护帕里斯回到了他的寝宫。帕里斯的庇护神救了他，就像荷马诗中其他神会拯救他们庇护的人类一样。

　　众神和命运总是对微不足道的人类有最终的掌控权。不过，人们至少能在一定范围内决定自己的命运，但这并不妨碍其他人谴责战士们的所作所为。帕里斯的懦弱激起了希腊人的愤怒，最终导致了特洛伊的毁灭，帕里斯的战利品海伦也被夺走了。

　　阿佛洛狄忒让海伦去帕里斯的寝宫找他。在这里，她揶揄她的爱人道："所以你刚决斗完回来，真希望你倒在我那勇猛丈夫的手下。你曾经吹嘘说，无论空手还是使用长矛进行决斗，你都胜过墨涅拉奥斯。去吧，再次向他挑战，但我建议你就此作罢，如果你愚蠢地去与他单挑，你很快就会倒在他的矛下。"

　　与此同时，墨涅拉奥斯在战场上愤怒狂奔，不顾一切地寻找帕里斯。然而，无论是特洛伊人还是希腊联盟的人，都无法找到他。若特洛伊人看到了帕里斯，也没有心思把他藏起来，因为他们都像憎恨死亡一样憎恨他。

　　墨涅拉奥斯大喊道，他是这场决斗的胜利者，但实际上双方胜负未定。现在要由诸神来决定输赢，赫拉和宙斯之间达成的交易① 不仅意味着特洛伊的毁灭，也意味着希腊城市阿尔戈斯、斯巴达和迈锡尼的毁灭。通过决斗来解决问题行不通了，现在所有人都感受到了诸神破坏和毁灭的力量。

英勇的贵族

　　阿喀琉斯杀死赫克托耳后，对其尸体做出的行为令人感到恐怖。他用长矛刺

---

① 神话中宙斯站在特洛伊人一边，而赫拉站在希腊人一边，赫拉用美色诱使宙斯分散注意力，从而扭转了特洛伊战争的局势。

穿赫克托耳的尸体，并鼓励他的战友也这样做。然后他脱下赫克托耳从帕特洛克罗斯那里抢来的盔甲，在他的脚后跟上开了几个洞。他用埃阿斯给赫克托耳的腰带穿过这些洞后，把尸体拴在了他的战车上。他驾着战车沿着帕特洛克罗斯的火葬场绕了三圈，赫克托耳的尸体就躺在战车后的尘土中。这种虐尸行为持续了十二天，普里阿摩斯和赫克托耳的妻子安德洛玛刻（Andromache）只能一直在特洛伊城堡内哭泣着。希腊的伟大英雄阿喀琉斯在愤怒之下违背了英雄的准则。

然后，阿喀琉斯剥夺了这位倒下战士的葬礼仪式并亵渎了他的身体，使赫克托耳蒙羞。

很显然，荷马虽拥护勇士准则，但同时也对它持批评态度。

赫克托耳与阿喀琉斯史诗般的决斗场景，出自画家彼得·保罗·鲁本斯（Peter Paul Rubens，1577—1640年）之手。

阿喀琉斯和赫克托耳

《伊利亚特》中一个很重要的主旨是英雄间的决斗。而阿喀琉斯和赫克托耳之间的决斗是最令人期待的了。这场决斗中,荣誉和英雄主义的矛盾在复杂的细节中得到了体现。不愿为国王而战的阿喀琉斯,在他心爱的帕特洛克罗斯死后,变成了一个无情的杀戮机器。阿喀琉斯此前没有杀过受害者,只是把他们卖作奴隶。但现在他在特洛伊人中大开杀戒,毫无怜悯之心。

相比之下,赫克托耳在战争和家庭生活中都是令人尊敬的人,他是一位有原则的父亲,是众人的领袖。不过,在与阿喀琉斯最后决斗前,反而是赫克托耳出了差错,没有起身迎战阿喀琉斯却害怕地逃跑了。于是两人沿着特洛伊城墙追逐起来,直到最后赫克托耳停下来面对阿喀琉斯。此时,赫克托耳说胜者要体面对待敌人的尸体,将其归还给他的家人。阿喀琉斯拒绝了,他说道:"你在战斗中杀死了我的兄弟,给我带来了沉重的痛苦,现在该你全部偿还了。"

两位英雄互朝对方投掷长矛,但都没有击中。赫克托耳意识到诸神都站在了阿喀琉斯一边,于是大声叫道:"厄运已经降临到我身上了,让我死得体面一些,做些挣扎吧,让我伟大地死去,以便之后在人们之间传为佳话。"

赫克托耳边说边拔出挂在身边的那把锋利的刀,使出全力扑向阿喀琉斯,就像一只翱翔的雄鹰从云端俯冲向羔羊或胆小的野兔。阿喀琉斯盛怒不已地冲向他……他右手中的长矛注定要杀死赫克托耳。阿喀琉斯紧盯着他健美的身躯,看什么地方能伤他最狠,但赫克托耳穿着杀死帕特洛克罗斯之后抢来的盔甲,全身都被这质量很好的盔甲保护着,只有脖子和肩膀之间的喉咙裸露在外,所以此处最易致死。于是,当赫克托耳朝阿喀琉斯扑来时,阿喀琉斯的矛尖直接刺穿了赫克托耳的脖子。

——荷马,《伊利亚特》,第二十二卷

> 很显然，荷马虽拥护勇士准则，但同时也对它持批评态度。

阿喀琉斯在赫克托耳脚踝处凿出了几个洞，他通过这些洞用战车拖着赫克托耳的尸体行走，战场上扬起了一阵阵尘土。

荷马在史诗的第二行说道，阿喀琉斯与阿伽门农争吵后大发雷霆，使他的希腊同胞付出了"无数生命"的代价。荷马在无形之中将杀人狂魔阿喀琉斯和赫克托耳作了对比：一个无牵无挂，对希腊人的利益置若罔闻；一个有家室，是一位伟大的部族领导。

《伊利亚特》第六卷中有一个著名的场景：赫克托耳搂抱着他的妻子安德洛玛刻和他们的儿子，儿子看到父亲头盔上摇摆的马鬃毛吓得大哭。赫克托耳有一种糟糕的预感，他感觉特洛伊要陷落，他说比起其他特洛伊人，他更为安德洛玛刻感到悲伤，他很高兴自己死了不用看到阿开奥斯人"剥夺她的自由，任她哭泣"。

青铜时代的荣誉和英雄主义的理想实现起来面临着诸多困难。荷马对英雄主义的描述以迈锡尼和特洛伊的国王和王子为中心，这些伟大领袖据说是奥林匹亚诸神的后代。正如我们所看到的，这些战士贵族应该在战争中受到某些荣誉准则的约束，但在实践中并非总是如此。

不过，这一切是否准确描绘了青铜时代的王国？荷马史诗成诗约在青铜时代的五百年后。那么，在青铜时代晚期，这个据称是特洛伊战争发生时期，地中海世界究竟是什么样子？谁是当时掌控地中海世界大事的"超级大国"呢？

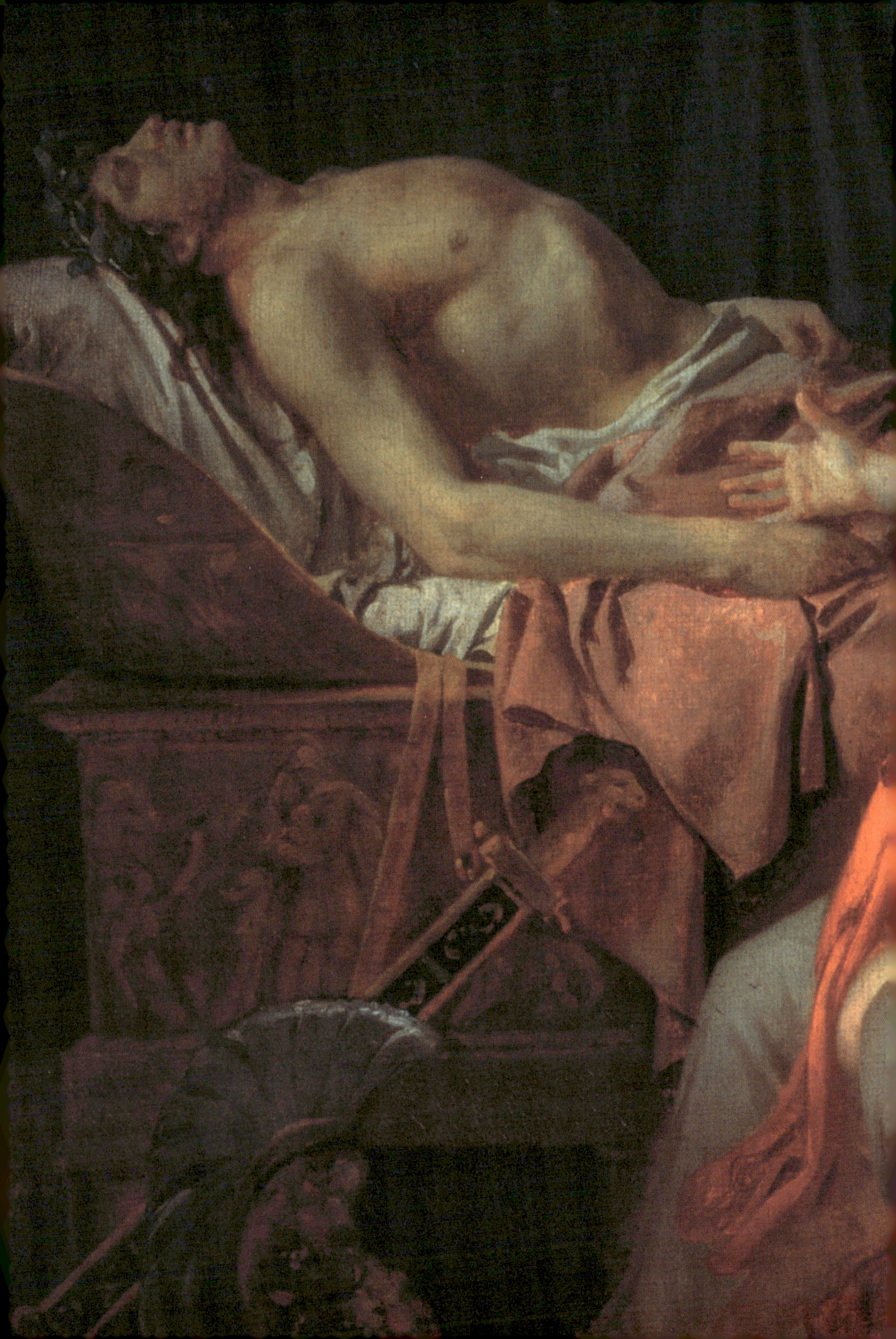

普里阿摩斯从阿喀琉斯那里取回了赫克托耳的尸体，安德洛玛刻在哀悼他。

迈锡尼

青铜时代的地中海世界是由战士国王统治的城邦组成的。这些城邦往往会形成联盟或成为大帝国的一部分。寻找特洛伊的过程中,研究希腊的迈锡尼和安托纳利亚的赫梯两个"超级大国"很重要。

迈锡尼是一个有精英战士文化的文明,通过战争和掠夺,它在希腊境内强大了起来。公元前 1600 年—前 1100 年,迈锡尼文明蓬勃发展。迈锡尼文明类似于克里特岛(Crete)上克诺索斯(Knossos)的米诺斯文明。迈锡尼文明由不同的城邦组成,这些城邦有着相同的宗教、文化和建筑。城邦的地标性建筑是用厚厚的城墙建成的宏伟宫殿式城堡,城堡通常建在高处,以便控制居住在下面定居点的当地民众。大型的城邦有伯罗奔尼撒半岛的皮洛斯、梯林斯(Tiryns)和米堤亚(Midea),希腊中部的雅典、底比斯(Thebes)和奥尔霍迈诺斯(Orchomenos),以及色萨利(Thessaly)的伊奥科斯(Iolcos)。不过,最大且最重要的城邦是迈锡尼。

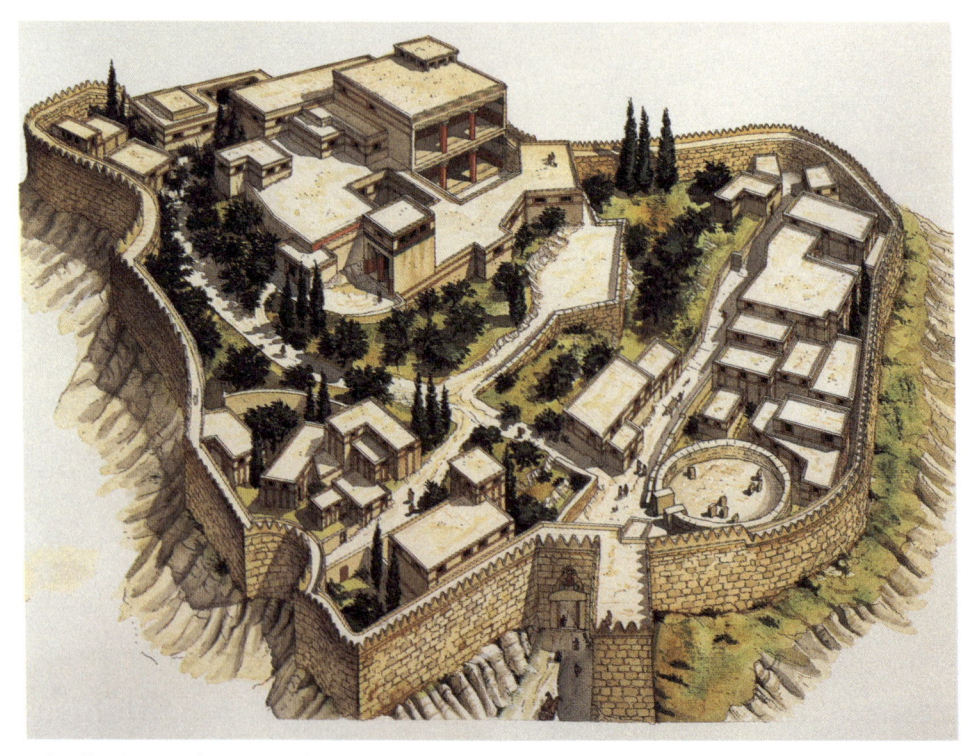

迈锡尼城堡鸟瞰图,城堡四周是雄伟的库克罗普斯式(Cyclopean)城墙。

尽管地处爱琴海要塞,但迈锡尼人是有名的水手、商人和抢劫者。条件允许时,他们或买卖或交换货物;买卖交换不成时,他们就抢劫他们想要的东西。值得一提的是,赫梯人的文字记录了迈锡尼战士在安纳托利亚西海岸掠夺的场景。

不难想象,作为伟大城市掠夺者的阿伽门农对这些定居点袭击的场景。当然,迈锡尼为荷马时代及以后的希腊世界奠定了文化基础。之后希腊人从迈锡尼的万神殿借用了许多神灵。迈锡尼的线形文字B是希腊文字的前身。

考古学家卡尔·布莱根在阿伽门农的亲密盟友——皮洛斯国王涅斯托耳(Nestor)的传统宫殿城堡里,发现了许多用线形文字B书写的泥板。布莱根希望这些文字能再现特洛伊战争的情况,不过事实证明这些文字记录的是寻常琐事。这些文字原来是一长串的清单,记录了征收的税款、给予的贡品以及战争中使用的军事装备等物品。这些物品中有些是在袭击时从外邦定居点夺取的,比如一个象牙脚凳、一对铜轮和女人。

泥板上的文字还提供了一些关于迈锡尼城邦等级制度的信息。每个城邦的首领是国王(Wanax,在荷马史诗中称为Anax),在国王四周的是精英战士阶层(heqetai)。荷马习惯上称阿伽门农为"众人之王"[Wanax(or Anax)andron]。社会阶梯的最底层是农奴(doeroi)。农奴生产的食物要用来供养国王和战士,以及中间阶层的祭司和官员。

这些文字显示了迈锡尼精英阶层对进行农业生产和纺织品、迈锡尼陶器等商品的制造的工匠、农民和奴隶严格控制,从贸易中获取的利润也被牢牢把控着。

用线形文字B写成的迈锡尼黏土泥板。

迈锡尼的普通人和王室战士精英之间存在着明显的鸿沟，这些王室精英所掌控的财富和权力在公元前 14 世纪至前 13 世纪左右达到了顶峰。

正如我们从海因里希·施里曼在迈锡尼城堡的挖掘中看到的那样，大量的财富花在了王室的坟墓上。仅仅在武器装备上就浪费了大量的黄金、青铜和白银。陪葬品匕首上刻有狩猎和战斗的场景，当然还有宫殿墙壁上的彩色壁画，都显示了贵族战士阶层的兴趣和对王室的崇拜。

像阿伽门农这样的国王需要用礼物、食物和宫廷的慷慨款待来讨好他们的战士。他的军队需要装备和训练以保持先进，需要武器和战车能随时应战。然而，像迈锡尼这样的城邦，虽然控制着阿尔戈斯平原上的农业和手工业，却无法获得黄金、白银，甚至无法获得用于制造青铜的锡和铜。铜确实是青铜时代最重要的金属，因为金和银很难锻造出能用于作战的剑。

迈锡尼和其他青铜时代的王国之间有很多海外贸易往来，但

公元前 1400—前 1200 年的迈锡尼贵族妇女壁画。

施里曼在迈锡尼挖掘出土的青铜武器，包括剑和匕首。

这些贸易往来只能带来维持城邦所需收入的一部分。从埃及到安纳托利亚的各个地方，包括特洛伊的废墟中都发现了迈锡尼陶器。但要成为一个帝国，就需要掠夺，而这只能通过战争进行。

迈锡尼从来不是一个传统意义上的帝国。相反，它是一个由松散的城邦组成的联盟，这些城邦对最强大的迈锡尼存在某种程度上的效忠，就像阿伽门农这样的国王能够向他的盟友城邦提供作战帮助和财富。战利品越多，掠夺这些战利品的人就越有面子。而这十分吸引那些把时间花在打猎、战斗和赢得名利上的贵族们。因此，英雄的国王和与他们并肩作战的战士们的目标，就是为了荣誉、财富和创造比他们生命更长久的伟大英雄遗产。

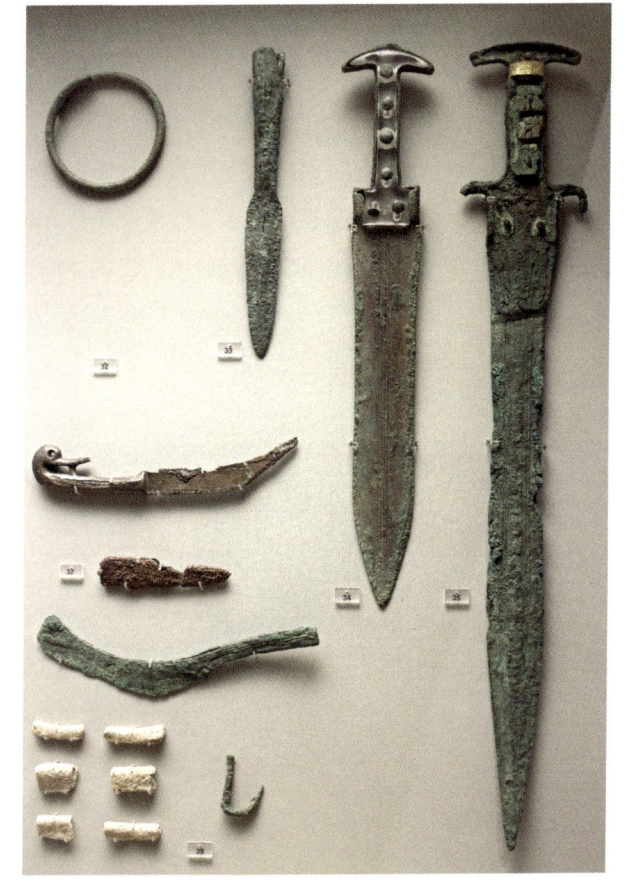

然而，这种遗产的复杂性在荷马的作品中显而易见。他将阿伽门农塑造成一个不朽的人物，也揭示了他的过错和缺点。这位英雄国王是一个虚张声势的吹牛者。古代诗歌的神奇之处，便在于历史事实过去很久之后，它开始散发魅力。从阿伽门农符合史实的成就来看，可以说他是一位伟大的战士国王，一位能指挥整支迈锡尼军队的城市掠夺者。然而，我们在荷马笔下看到的阿伽门农是个虚荣而傲慢的领袖，他注定要死在自己的妻子及其情人的手中。

赫梯人

迈锡尼并不是青铜时代晚期地中海沿岸唯一重要的强国。其他强国有埃及、亚述、巴比伦和赫梯。《旧约》中提到了赫梯人,但在希腊古典时期(前5世纪—前4世纪中叶),他们几乎被遗忘了;即使在今天,他们仍然有些默默无闻。但赫梯曾经是一个伟大的帝国,它控制着安纳托利亚的大片土地。赫梯人称自己的帝国为哈提(Hatti),这是在近东一个仅次于埃及的"超级大国"。不过,除了埃及,迈锡尼也是赫梯的对手。

19世纪的皮埃尔·纳西斯·格林(Pierre Narcisse Guérin)的这幅画展示了克吕泰涅斯特拉在谋杀她熟睡的丈夫阿伽门农之前犹豫不决的样子。

辉煌强大的迈锡尼

古典时期的希腊人发现迈锡尼的城墙很厚,认为城墙一定是由独眼巨人库克罗普斯(Cyclopes)建造的。如今我们知道,这些城墙是迈锡尼的战士国王们的成就,建造所需的费用来自对外贸易和掠夺。迈锡尼拥有最宏伟的建筑,也是最强大的城邦。城邦主门的黑色石灰岩上雕刻了两只带有王室徽章的狮子。穿过主门,可以沿着一条陡峭的甬道攀登上位于高处的宫殿城堡。

主门外的右侧有竖立石头的巨圈,这是海因里希·施里曼挖掘发现的坟墓,左侧是宫殿和王室居室。从这些房间可以俯瞰阿尔戈斯平原,让人印象深刻:柱状的王室房间里绘有色彩鲜艳的壁画,展示了狩猎探险和战争的场景。房间中央有一个圆形的壁炉,日夜都有专人照看,这里是晚间宴会的场所,乐师们在这里弹琴,吟游诗人在这里朗诵和书写国王伟大事迹的史诗。

如今的迈锡尼城堡鸟瞰图。

赫梯城邦在公元前1800年左右出现，其文化、宗教和经济发展严重依赖美索不达米亚（Mesopotamian）地区的王国。赫梯人的社会是高度分化的，国王是风暴之神的世俗化身，他处于最高层，农奴、工匠和奴隶处于最底层。底层中的许多人都在安纳托利亚各地的矿区劳动。赫梯金属资源丰富，有迈锡尼人梦寐以求的银和锡。

我们对赫梯人的了解几乎都来自在国都哈图沙（Hattusa）发现的数千块楔形文字泥板，这些都散落在王宫的地板上。从1906年发掘出来的王宫泥板可以看出，赫梯人都是勤奋的记录者。最令人感兴趣的是那些由赫梯对外部门撰写的泥板，它们生动地描绘了赫梯帝国的内部运作以及与周边其他帝国的外交成就。

人们认为这块公元前1700年左右的赫梯楔形文字泥板记载了和法律相关的内容。

这些泥板表明，这个时代的"超级大国"是一个严格选择成员的团体；只有"伟大的国王"才能成为其成员，彼此之间经常接触。各国的外交官忙于传递信息和礼物以达成贸易协议，解决边界争端，提供军事支持，各国通过婚姻促成联盟。国王之间的信件采用了当时通用的外交语言；对外交流中，使用正确的语言很重要。

"兄弟""父亲"和"儿子"是信中一些主要的称呼，不过"兄弟"这一称呼只在平等的关系中使用。"伟大的国王"这一称呼的使用特别重要，并不是任何一个统治者都可以用此头衔称呼。赫梯国王哈图西里（Hattušili）给亚述新登基的年轻国王的一封信中，斥责对方胆敢自称"伟大的国王"。

"你吹嘘说……你已成为一个伟大的国王。但'兄弟关系'是怎么回事？你和我是一母同胞吗？纯属胡扯……所以我不想看到你再给我写什么关于兄弟情谊和'伟大国王'的东西了。"

相比之下，哈图西里与埃及法老拉美西斯二世（Pharaoh Ramses Ⅱ）之间的通信说明，"伟大的国王"彼此之间所感受到的轻视可能会演变成外交事件。在哈图西里指责拉美西斯把他当成臣民来称呼之后，拉美西斯试图安抚他：

"兄弟，我刚看到了你写给我的信，你信中说：'我的兄弟，你给我写信为什么表现得好像我只是你的臣民一样？'我对你信中所言感到气愤。你在所有的领土上都有所成就；你在赫梯确实是一个'伟大的国王'……我为什么要以给一个臣民写信的方式给你写信？"

如果埃及人确信赫梯人的统治者是一个"伟大的国王"，那么他们对迈锡尼人的国王是怎么看的？阿伽门农会被认为是"伟大"

赫梯国王哈图西里的印玺。

吗？荷马的答案是肯定的。《伊利亚特》中提到阿伽门农是"整个阿尔戈斯和岛屿的君王"。

赫梯人的回答也会是肯定的。在哈图沙发现的楔形文字泥板中，有与"阿希亚瓦（Ahhiyawa）国王"所通的信件，信中也称阿希亚瓦国王是一个"伟大的国王"。破译"阿希亚瓦国王"这一称呼是一个突破性时刻。"阿希亚瓦"指的是"阿开奥斯人的土地"，即指迈锡尼人的领地。在20世纪初，这种解译是有争议的。直到最近，学者们才普遍认为阿希亚瓦肯定与阿开奥斯人有关。

这一点很重要，对赫梯人来说，这意味着迈锡尼正式成为青铜时代的"超级大国"之一。它也是赫梯人西方的主要邻国。正如楔形文字描述的那样，这两个"超级大国"之间的关系如其他国家间的关系一样，相互猜疑，十分紧张，它们之间有贸易和外交往来，但同时也存在边界争端和武力冲突。

公元前500年左右的科林斯式头盔。

据楔形文字的记载，最早一次有记录的冲突爆发在公元前15世纪中期。记载说被称为阿塔里西亚（Attarissiya）的阿希亚瓦统治者航行到了安纳托利亚的西海岸与赫梯人作战。参与战斗的有数千名步兵和一百多辆战车。从青铜时代的任何标准来看，这都是一支庞大的部队，尤其是在特洛伊战争发生的两百年前。

西边边疆

哈图沙的楔形文字泥板显示，安纳托利亚西部是赫梯帝国一个较难管辖的地区。赫梯人在这一地区的控制权往往很不牢靠，因此城邦经常易手。安纳托利亚西部似乎有一种"边疆心态"，投机者经常卷入此地的权力斗争和对哈图沙国王的叛乱中。

作为一个在王室中失宠的赫梯贵族，皮亚玛拉都（Piyama-Radu）就卷入了权力斗争和叛乱中。他在安纳托利亚西部制造事端，这帮助迈锡尼确立了青铜时代"超级大国"之一的地位，也说明维鲁萨（Wilusa，特洛伊）是阿希亚瓦（迈锡尼）和

名字蕴含何种意义

大多数现代学者认为在哈图沙发现的楔形文字泥板证明了迈锡尼（或赫梯人所称的阿希亚瓦）和赫梯帝国有频繁的贸易往来，且多次对赫梯（尤其是在赫梯西海岸）进行袭击和入侵。进一步研究楔形文字泥板发现许多关于迈锡尼名字的赫梯语词汇，这些词汇将迈锡尼、赫梯和特洛伊神秘地联系了起来。下面列出了赫梯语人名中最重要的名字及其对应译名：

赫梯	迈锡尼
米利瓦达（Millawanda）	米利都（Miletus，位于安纳托利亚的一座古希腊城邦，有时受阿希亚瓦统治者控制）
维鲁萨	伊利昂（特洛伊）
阿拉克桑杜（Alaksandu）	亚历山德罗斯（帕里斯的另一个名字）
塔瓦嘎拉瓦（Tawagalawa）	厄特克勒斯（Eteocles，底比斯国王）
阿塔里希亚	阿特柔斯（阿伽门农和墨涅拉奥斯之父）

> 卡迭石战役动用了六千多辆战车，据说是历史上规模最大的一次车战。

赫梯人瞬息万变的权力斗争中的一个棋子或傀儡。简而言之，特洛伊的故事可能是"超级大国"迈锡尼和一个叛变国王间的一场战斗故事，这个国王背叛了当时的另一个"超级大国"赫梯以及他的赫梯人同胞。

公元前13世纪，据说皮亚玛拉都对位于安纳托利亚西部的赫梯城邦发动了一系列袭击，并自立为维鲁萨（特洛伊）的君主。米利瓦达（安纳托利亚的米利都）的统治者希腊王子塔瓦嘎拉瓦（底比斯的厄特克勒斯）是皮亚玛拉都的支持者。这引起了赫梯人的极大关注，因为维鲁萨曾对赫梯王室表示忠诚。

赫梯国王穆瓦塔里二世（Muwatalli Ⅱ）对背信弃义的皮亚玛拉都宣战，他率一支军队到了米利瓦达。公元前1274年，穆瓦塔里二世和埃及法老拉美西斯二世会战于卡迭石（Kadesh），他因此战而闻名，卡迭石战役动用了六千多辆战车，据说是历史上规模最大的一次车战，但战役最后却以僵局收场。之后，这一事件通过历史上最早的一个国际和平条约得以解决。在哈图沙的楔形文字泥板中发现了一份该条约的黏土副本。

与此同时，在安纳托利亚，穆瓦塔里二世和他的军队到达维

阿布辛贝（Abu Simbel）神庙的浮雕展示了拉美西斯二世在公元前1274年卡迭石战役中乘坐战车的场景。

鲁萨时，却发现大肆劫掠的皮亚玛拉都已经逃走，据说逃往了希腊，还带走了七千名赫梯囚犯。

由于穆瓦塔里二世主要关注的是东部边境上与埃及的紧张关系，所以他对安纳托利亚西部的问题做了一些让步。其中最重要的是，他同意赫梯的附庸国米利瓦达由阿希亚瓦人掌管。穆瓦塔里二世现在安排了一个新的附庸国王阿拉克桑杜到维鲁萨，并起草了一份条约来巩固他的安排。通过上述做法，他处理了维鲁萨的问题。

阿拉克桑杜，你仁慈地保护我，以后还要保护我的儿子和孙子。正如我因为你父亲的话，善意地保护你，帮助你，为你杀死你的敌人，以后我的儿子和孙子也一定会保护你的后代。若你遇到了敌人，我不会抛弃你，就像我现在没有抛弃你一样，我会替你除掉你的敌人。如果你的兄弟或你家族中的某个人背叛了你，或者后来有人背叛你的儿子或你的孙子，他们想要篡夺维鲁萨的王位，我也绝对不会抛弃你。

——《阿拉克桑杜条约》

《阿拉克桑杜条约》暗示了赫梯人曾帮助过维鲁萨的统治者对抗别国进攻。遗憾的是，这个进攻国究竟是谁，我们不得而知。然而，另一份《塔瓦嘎拉瓦信件》表明，赫梯人和阿希亚瓦人之间发生了另一场冲突，而叛徒皮亚玛拉都又一次成为这次冲突的焦点。在信中，穆瓦塔里二世或他的兄弟哈图希里三世要求阿希亚瓦国王塔瓦嘎拉瓦制约一下皮亚玛拉都：

据说皮亚玛拉都把他妻子、孩子和其他家眷撇在我兄弟那里时，你给他提供了保护。但他不断地袭击我的国家；每当我阻止他时，他又跑回到你的领土上。我的兄弟，你对这种行为很赞赏吗？如果不是，现在至少要给他写个信。信里要说："走吧，回到赫梯国去，国王要和你算账了！……在我的国家，你不应该做出袭击别国这样有敌意的事……赫梯国王和我在维鲁萨的问题上，曾经有过分歧，但他让我的想法发生了改变，我们已经成为朋友……战争对我们来说不是上策。"

——《塔瓦嘎拉瓦信件》

赫梯国王用楔形文字写在一块黏土泥板上的信件十分有趣：首先，他以平等的身份称呼塔瓦嘎拉瓦，认为塔瓦嘎拉瓦也是一位伟大的国王；其次，信中描述了赫梯人和阿希亚瓦人在维鲁萨城邦问题上产生了直接的对抗。

之后发现的《米拉瓦塔信件》将维鲁萨事件与赫梯人联系了起来。这封信来自赫梯末代的一位国王图特哈里亚四世（Tudhaliya IV），信中说沃尔穆（Walmu）

埃及人和赫梯人在卡迭石战役陷入僵局后签订的条约是历史上已知最早的和平条约之一。

被不明政权罢黜后,图特哈里亚四世恢复了沃尔穆对维鲁萨的统治。

沃尔穆普遍被认为是阿拉克桑杜的儿子,信中说,他将成为"军事附庸"。如果这个世系是正确的,那么赫梯人就没有违背他们在《阿拉克桑杜条约》中的承诺,"为你保护你的后代"。

最后,还有一份神秘的文件表明阿希亚瓦人的命运发生了改变。这份文件是图特哈里亚四世与阿穆鲁(Amurru)国王之间的和平条约。赫梯国王在此条约中向这位"小国王"提了建议:

如果埃及国王是我的朋友,他就应该也是你的朋友……在等级上平起平坐的有埃及国王、巴比伦国王、亚述国王和阿希亚瓦国王。

但"阿希亚瓦国王"在楔形文字泥板上又被划掉了。这是为什么呢?这是否意味着国王已经去世,或者赫梯人不再认为阿希亚瓦国王是伟大的了?图特哈里亚四世并不是赫梯的最后一位国王,但他的统治期在公元前1237—前1209年,

第二章 战士国王 057

在土耳其的赫梯亚兹里卡亚（Yazilikaya）岩石圣地发现了国王图特哈里亚四世的石雕刻像。

赫梯国王图特哈里亚四世的印玺。

这个时间很接近大众认为的特洛伊战争发生的时间。两个"超级大国"之间的最后一场战争是否永远断了两国建立外交关系的可能性？还是说它无可挽回地削弱了阿希亚瓦人的地位？

大国战争

我们来总结一下这些复杂的事件。在公元前13世纪初，一个叫皮亚玛拉都的赫梯叛徒在阿希亚瓦人的支持下控制了维鲁萨。赫梯人随后率领一支部队来到维鲁萨，并立了一个名为阿拉克桑杜的附庸国王来接替皮亚玛拉都。几十年后，阿拉克桑杜的儿子沃尔穆被废黜，随后他又被赫梯国王图特哈里亚四世恢复了地位。

那么，这一切和特洛伊战争有什么关系呢？

这些事件很可能描述的是迈锡尼（阿希亚瓦）人对帕里斯（阿拉克桑杜）统治时期的特洛伊（维鲁萨）进行了攻击。在公元前15世纪，赫梯和迈锡尼这两个"超级大国"之间至少发生过一次大型战役，安纳托利亚西海岸的米利都等城邦至少经

过两次易手。那么，在特洛伊是否发生过另一场大型战役呢？这场战役是否推翻了阿拉克桑杜的继承人沃尔穆的统治？根据考古学家的说法，特洛伊7城在军队进攻前已经被破坏，那么最后特洛伊7城发生了什么？谁主导了这出震撼人心的戏剧，将流血和破坏与战斗的荣耀融为一体？

公元前8世纪的赫梯战车浮雕。

赫梯贵族皮亚玛拉都让我们想起了英雄战士对荣誉及伟大遗产的追求。正如我们所见，迈锡尼人当然也追求这种史诗传统。他们的世界由醉心打猎、打斗和准备战斗的贵族统治。

在本章中，我们一直在寻找荷马笔下的英雄人物以及他们在历史上可能的地位。然而，最难以捉摸的人物永远是海伦。毕竟，上千艘战船是为了她而起航的。

在赫梯人的文字记录中没有提到海伦。不过，有一段文字描述从赫梯带走了七千名奴隶，其中有许多是妇女。如果没有战利品的承诺，没有哪位国王会带领远征军去找回"兄弟"的妻子，荷马自己也这么说。接下来我们要讨论战利品的作用以及它与妇女的关系。

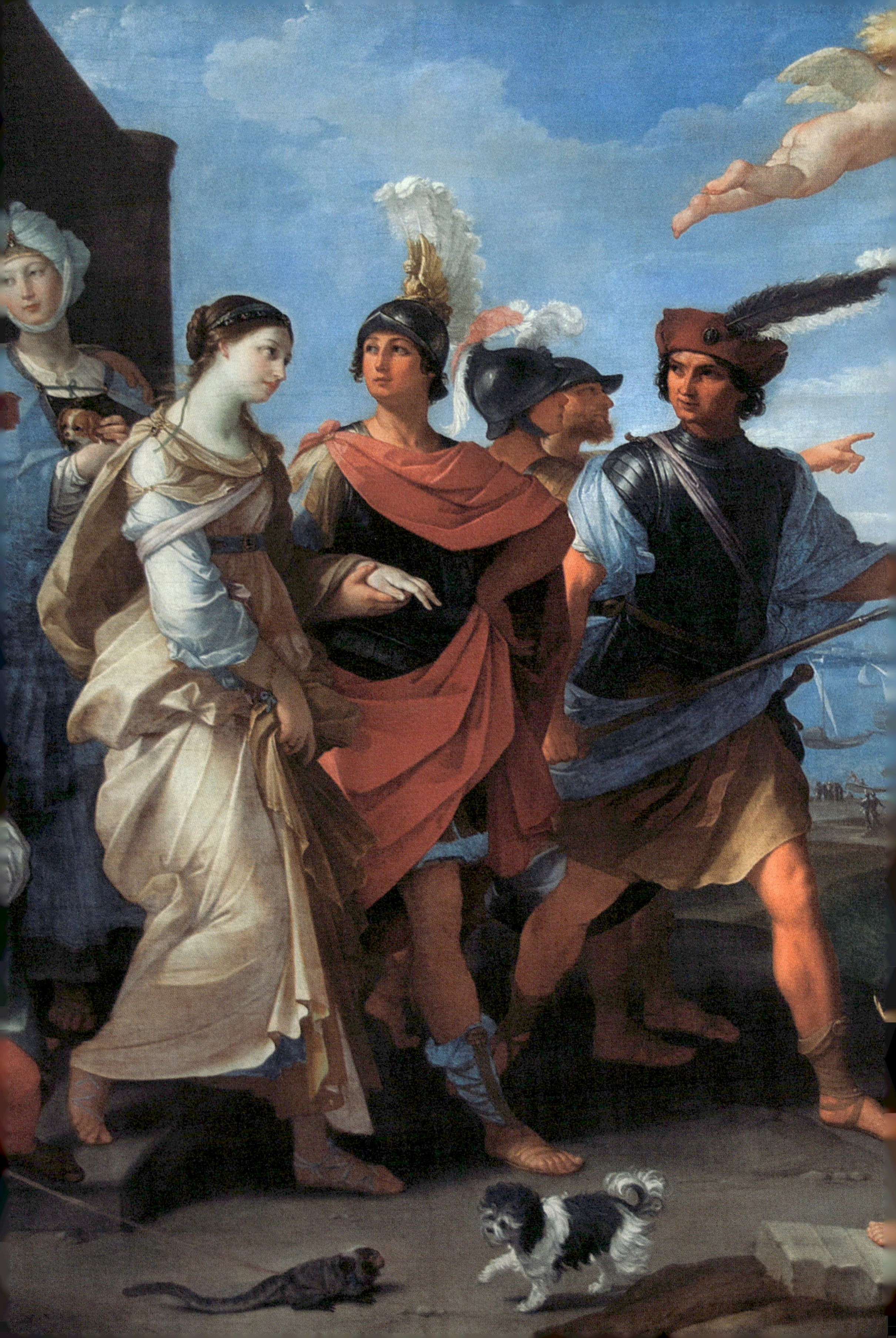

第三章　女人的作用

　　抢夺和奴役妇女是《伊利亚特》故事的核心。希腊联盟军围攻特洛伊是为了争夺一个被诱拐的女人,而妇女被许诺为这场难以取胜的战争的战利品。《伊利亚特》中的妇女与许多被卷入青铜时代战争的人遭受着同样的命运。

圭多·雷尼(Guido Reni)1626 年创作的此幅画作展示了帕里斯从斯巴达诱拐海伦的画面。

围攻特洛伊的第十年，阿喀琉斯终于崩溃了。顺从和理智随后被愤怒取代：女神啊，请唱出珀琉斯（Peleus）之子阿喀琉斯的愤怒，这愤怒给阿开奥斯人带来了无数的灾难，它使很多勇敢的灵魂匆匆落入冥府，使许多英雄成为野狗和秃鹰的猎物，从众人之王阿特柔斯的儿子和伟大的阿喀琉斯第一次发生冲突的那一天起，宙斯的计谋就这样得逞了。

——荷马，《伊利亚特》，第一卷

阿喀琉斯和阿伽门农之间的争执是为了两个女人，这两个女人都是奴隶。第一个是克律塞伊斯（Chryseis），她是阿波罗（Apollo）在特洛伊的祭司克律塞斯（Chryses）的女儿。克律塞斯找到阿伽门农，想向他缴纳巨额赎金赎回女儿。

希腊军队的士兵们同意了祭司的请求，但阿伽门农并不同意。他拒绝释放克律塞伊斯，并告诉她的父亲："我不会释放她，我要让她远离自己的家，在我阿尔戈斯的房子里老去，在织布机旁忙碌，在我的床上逗留，所以你走吧，不要激怒我……"

侮辱众神

阿伽门农如此不光彩的行为实在不应是一个英雄国王所为，这引起了阿波罗的愤怒，他在奥林匹斯山上听到了克律塞斯的祈祷。于是，阿波罗从山顶上走下来，箭在他的箭筒里响个不停，这给希腊人带来了地狱般的灾难。阿波罗坐在远离希腊人船只的地方，向希腊营地里的人和牲畜射出一排排的箭。连续九天，阿波罗不停地攻击，致使希腊人的火葬场上不断燃烧着死者的尸体。

第十天，阿喀琉斯做了阿伽门农没做到的事。他召集了一场会议，想弄明白阿波罗诅咒希腊人的原因以及如何最大限度地安抚阿波罗。一个叫卡尔克斯（Calchas）的预言家给出了答案。但在卡尔克斯发言之前，他要求保证自己不受到阿伽门农愤怒的牵连。在得到阿喀琉斯的保证后他解释说，因为阿伽门农拒绝将克律塞伊斯还给她的父亲，所以激起了阿波罗的愤怒。卡尔克斯告诉大家，除非这个女奴被释放，否则神给希腊人带来的灾难将继续下去。这时，阿伽门农发话了，"他的心因愤怒而变黑，他的眼睛因蔑视卡尔克斯而闪着火光"：

邪恶的预言家,你从来没有预言过和我相关的好事,却总是喜欢预言邪恶之事。你没有给我带来安慰,也没有带来功绩,现在你来到达南人(Danaans,泛指当时的希腊人)中间,说阿波罗祸害我们是因为我不愿意接受赎金放了克律塞斯的女儿。我想把他的女儿留在自己家里,因为我爱她胜过我的妻子克吕泰涅斯特拉,她的相貌、性格、想法和举止都与我的妻子相仿。但我还是会忍痛割爱,放了她,因为我不想让人民死,我想让他们活下来。你们都看到了,我的战利品要到别的地方去,所以卡尔克斯你必须给我一个战利品,否则阿尔戈斯人中只有我没有战利品,这可不行。

——荷马,《伊利亚特》,第一卷

阿喀琉斯再一次担任了领导者的角色,他试图与阿伽门农讲道理,要求对方交出克律塞伊斯,答应对方若能攻克特洛伊,给他"三倍或

连续九天,阿波罗不停地攻击,致使希腊人的火葬场上不断燃烧着死者的尸体。

彼得·保罗·鲁本斯的此幅画作描绘了阿波罗向希腊阵营发泄怒火后,阿喀琉斯和阿伽门农两人争论的场景。

四倍"的报酬。阿伽门农嫌弃地对阿喀琉斯说他会交出克律塞伊斯："……但我要到你的帐篷里去，拿走你的战利品布里塞伊斯，这样你就明白我拿得起放得下，比你强得多，别人也不敢与我平起平坐或相提并论了。"

在洗劫吕耳涅索斯（Lyrnessus）时，阿喀琉斯与阿伽门农并肩作战，金发的布里塞伊斯就是阿喀琉斯在那时赢得的女人。现在，阿伽门农派了两个传令兵来夺取阿喀琉斯的战利品布里塞伊斯，这激起了阿喀琉斯的愤怒，他那具有破坏性的愤怒是《伊利亚特》的一个主题。希腊人为了海伦去远征特洛伊，却因为两个女奴引起的争吵使得这次远征差点失败。

作战一线上没了阿喀琉斯，灾难便降临到了阿伽门农身上。节节败退后，他的军队被围困在海边的营地里。赫克托耳的军队不断向他们逼近，军队战士们的火光点亮了平原的黑夜。希腊军队中充斥着"慌乱和恐惧"，阿伽门农泪流满面地站在他的部下面前。他被宙斯欺骗了，唯一的解决办法是乘船逃到"我们祖先心爱的土地上"。

当军队茫然无措之时，涅斯托耳建议在阿伽门农的帐篷里召开紧急会议。在帐篷里，他向阿伽门农进言，让他"用礼物和好听的话来安抚阿喀琉斯"，邀请他重返战场。这让阿伽门农很兴奋，因为他确信有了礼物和女人，阿喀琉斯就能回来。在希腊人的阵营中，女人就是商品。阿伽门农匆匆地说出了他愿意给予阿喀琉斯的所有礼物：

我要给他补偿，并以赎罪的方式送他大礼。当着你们的面，我说说我要送他什么。我要给他七个未过火的鼎和十两黄金。我要给他二十口大铁锅和十二匹强壮的骏马。这些马赢过比赛，为我拿过奖赏。他会有田产，有金银，有数不尽的荣华富贵，就像我的马为我赢得的奖赏一样多。我要给他七个优秀的莱斯博斯（Lesbos）女工，这些女工姿色倾城。是阿喀琉斯攻破莱斯博斯时，我为自己挑选的。我要把这些都给他，还有我从他那里夺来的布里塞伊斯，也一并给他；我发誓，我从未和她同床，也未和她做过男女之事。我现在就把这些东西给他，如果以后诸神允许我洗劫普里阿摩斯的城市，我们阿开奥斯人分赃时，他可以尽情来挑选战利品，用黄金和铜器填满他的船舱；此外，让他带走二十个美貌仅次于海伦的特洛伊女人。

——荷马，《伊利亚特》，第九卷

这幅罗马壁画描绘了阿喀琉斯被迫放弃女奴布里塞伊斯的画面。

1940年画作《帕里斯的评判》(Judgement of Paris)中，帕里斯选了阿佛洛狄忒为最美的女神，这引起了赫拉的忌恨。

最后，特洛伊的女人在特洛伊沦陷后被俘，并与其他战利品一起被征服他们的希腊人瓜分。阿喀琉斯死了，他无法得到阿伽门农承诺他的二十名美貌仅次于海伦的特洛伊女人。希腊人为了纪念阿喀琉斯，将波吕克赛娜（Polyxena）献祭给了他。普里阿摩斯家族也随着这位特洛伊公主的离去而灭亡。

被奴役的特洛伊妇女将在迈锡尼贵族庄园里当仆人，或者在他们的床上当小妾。这就是特洛伊战争的神话与迈锡尼考古令人不安地结合的地方：毫无疑问，爱琴海周边的居住点中，大量的妇女遭到绑架，她们被迫到其他滨海国家做奴隶。

《伊利亚特》中的女人

　　海伦和布里塞伊斯是《伊利亚特》中关键的女性角色。正是由于海伦被帕里斯诱拐才导致了特洛伊战争的爆发，而布里塞伊斯被阿伽门农抢走后，阿喀琉斯就开始拒不作战。之后，她被阿伽门农释放，这使得阿喀琉斯重返战场，杀死了赫克托耳，这也是扭转特洛伊战争局势的时刻。两个女人在随后的斗争中都成了俘虏。

　　作为世间最美的女子，海伦是矛盾的。她既是一个令人眼花缭乱的诱惑者、一个妓女和一个破坏别人家庭的人，她也是脆弱的，是时代的受害者，是引发特洛伊战争的源头。海伦成为众矢之的：她知道自己因特洛伊被围困而受到指责，同时被希腊人和特洛伊人憎恨，她给这些人带来了毁灭。希腊戏剧家埃斯库罗斯（Aeschylus）后来称海伦为"毁船者、毁人者和毁城者"。

特洛伊的海伦，这就是那张引得一千艘船远行出战的脸吗？

彼得·保罗·鲁本斯画作，描绘了布里塞伊斯因涅斯托耳的劝说得以重回阿喀琉斯身边的画面。

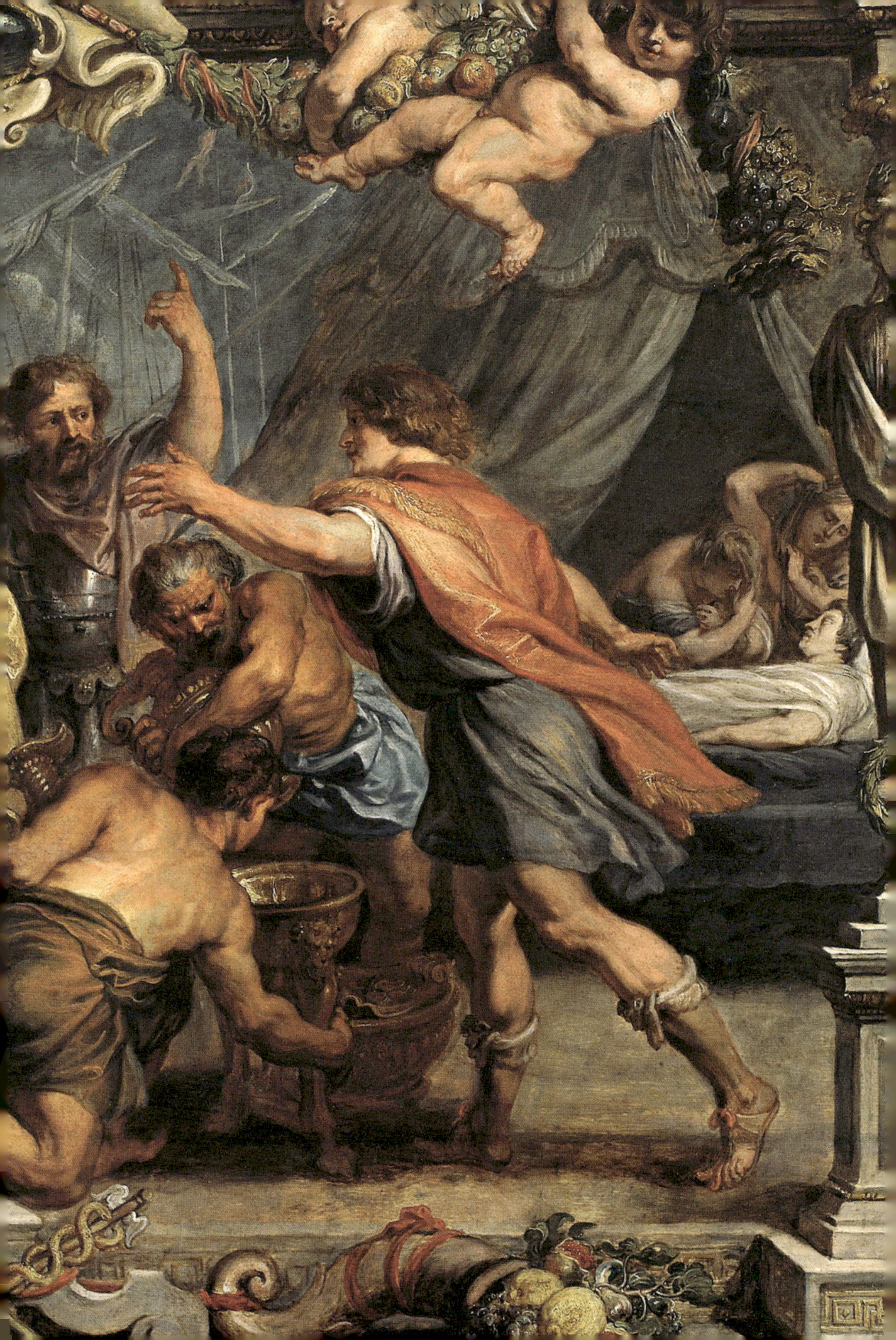

海伦的命运掌握在众神手中。阿佛洛狄忒将帕里斯从与墨涅拉奥斯的决斗中救出后,海伦与阿佛洛狄忒开始争论。海伦对阿佛洛狄忒大发雷霆,认为是对方带来了导致灾难的欲望,但当阿佛洛狄忒威胁要毁了海伦的美貌时,她又退缩了。当海伦到帕里斯那里时,我们发现她并不恨墨涅拉奥斯,爱着帕里斯的同时,她也想念她的故乡斯巴达和与她同龄女人间的友谊。她别无选择,只能留在特洛伊,直到众神最后决定她的命运。然而,在战争结束后,她跟随墨涅拉奥斯回到了斯巴达,重新履行她的王后职责。

海伦和帕里斯有时被看作是鲁莽、放荡的恋人,他们和忠贞不渝的赫克托耳和安德洛玛刻这对夫妻截然相反。安德洛玛刻与海伦不同,她是一个温和的妻子,忠诚、贞洁、顺从、愿意自我牺牲。然而,这两个女人都面临相同的困境:她们无法掌控自己的命运。相反,她们男人的行为束缚着她们,而男人的行为又被认为是由神灵所支配的。在这一点上,两位女性都是青铜时代父权制文明的囚徒。

皮洛斯泥板

涅斯托耳统治着位于伯罗奔尼撒半岛的皮洛斯。在荷马笔下的特洛伊战争中,涅斯托耳是一位老政治家。由于年龄太大,他无法上前线作战,但他是一位经验丰富的领导,当希腊人似乎注定要失败时,他能同阿伽门农讲道理。涅斯托耳还是少数几个毫发无损地从特洛伊回来的希腊人之一,尽管考古证据显示历史上的皮洛斯实际上在公元前13世纪就被摧毁了。

考古学家卡尔·布莱根在挖掘皮洛斯城堡的过程中,发现了一批隐匿物,里面大约有一千块线形文字B泥板,这一发现之后广为人知。这些泥板上列有财产清单,财产包括从安纳托利亚的赫梯海岸掠走的女奴。

在这些奴隶名单中,有来自克尼都斯(Cnidus)的二十一名妇女及她们的十二名女孩和十名男孩,还有米利都的妇女和特洛伊的妇女。名单的最后一行给考古学界带来了一个石破天惊般的发现:有证据表明,迈锡尼与特洛伊之间有妇女奴隶的联系。这一发现使阿伽门农为安抚阿喀琉斯而送给他女人成为引人注目的焦点。

在迈锡尼挖掘时，海因里希·施里曼发现的"阿伽门农的黄金面具"。

线形文字 B 泥板向我们展示了迈锡尼人在爱琴海全境的掠夺行为。他们的战利品通常包括妇女，他们将妇女与她们被杀的男人分开，然后将她们及其孩子一起带走。获得奴隶仅能通过市场，这样的市场在安纳托利亚西部的米利都就有一个。米利都这个城邦频繁地在迈锡尼人和赫梯人之间易手。

青铜时代的定居点非常脆弱，因此不需要大规模出兵来洗劫一座小城市并抓获其中的俘虏，几艘船往往就能完成任务。公元前 12 世纪，海上民族往往只需要用七艘左右的大船，便可毁灭许多爱琴海文明的城邦。然而，攻占一座大城邦则需要组建一个由城邦组成的联盟。这种情况下，很可能会出现一个像阿伽门农这样强大的国王来领导这个联盟。

迈锡尼人当然不是爱琴海周围的唯一洗劫者。赫梯人皮亚玛拉都就是一个高调的掠夺者，他喜欢奴役自己的人民，但他也有更高的追求，其中包括宣称自己是维鲁萨（特洛伊）的统治者。他很希望成为"城市洗劫者"，根据荷马的说法，这是一个人人仰慕的称号，阿伽门农、阿喀琉斯、奥德修斯甚至雅典娜女神都把它作为荣誉的象征。

皮亚玛拉都想得到荷马史诗中英雄们所拥有的东西，即"城市洗劫者"的光荣声誉和随之而来的财富。掠夺能获得巨大的战利品，包括金、银、铜、武器、盔甲、马匹和女人。《伊利亚特》中经常提到"城市和它的女人"。阿喀琉斯告诉奥德修斯，他已经洗劫了二十三座城市，得到了许多财宝和女人。美丽的女人更有价值，正如阿伽门农自己透露的那样，他要送给阿喀琉斯二十个特洛伊女人，这些女人的美貌仅次于海伦。

由此，我们可以看到在青铜时代，英雄战士国王的主要追求是财富和荣耀。最美丽的女人是最好的战利品，她将归属于洗劫队伍的领导者。荣誉和财富为国王们带来了贵族战士的忠诚。这些战士是每一个城邦军事构成的重要组成部分。想要洗劫的目标越大，需要的力量就越大。

荷马告诉我们，有一千艘船前去特洛伊找回被夺走的海伦。但是，海伦本身是否只是一个比喻，她是否指的是大量被带走的特洛伊妇女？这些在线形文字B泥板上被定义为"战利品"的安纳托利亚妇女的命运如何？她们主要是在迈锡尼贵族的寝殿里做性奴隶，还是被强迫劳动当仆人？最关键的是，迈锡尼人对奴隶的需求有多大？是否会因这个目的而向国外进军呢？

这幅艺术作品描绘了在希腊提洛岛（Delos）奴隶市场拍卖奴隶的画面。在青铜时代，买卖奴隶是常有之事。

皮洛斯名单

在皮洛斯出土的线形文字 B 泥板上，列出的许多人都来自爱琴海的东部，包括米利都、利姆诺斯岛（Lemnos）、仄费罗斯（Zephyrus）、希俄斯（Chios）和阿斯维亚（Aswija）。阿斯维亚是在其他迈锡尼文明遗址中发现的名字，它可能指吕底亚（Lydia），或赫梯语中的亚苏瓦盟（Assuwa），"亚洲"一词就源于此名。这些文字提到多达数百人的俘虏从安纳托利亚被带走：其中提到了七百五十名妇女，以及她们的孩子——四百名女孩和三百名男孩。

这与在哈图沙发现的赫梯楔形文字泥板的记录相吻合。据赫梯文字记载，皮亚玛拉都这个自由抢劫的赫梯贵族带着七千名囚犯驶离了安纳托利亚海岸。然而，根据荷马的说法，除了从哈图沙抓奴隶，迈锡尼人也从他们自己的水域，如莱斯博斯岛、特尼多斯岛（Tenedos）和斯凯罗斯岛（Skyros）上绑架妇女。

在皮洛斯发现的线形文字 B 泥板。

古希腊的女奴。

劳动力市场

大多数情况下，被带到皮洛斯的数百名女奴会从事体力劳动。劳动内容由宫廷官员分配，其中最重要的工作是梳理羊毛、纺线、织布、缝纫和绣花。

低级而耗费体力的工作包括磨面、清扫宫殿、运水以及在河岸边清洗亚麻。有一些女奴被用作宫廷显贵的私人仆人，尽管这是例外。

女奴们没有工资，每人每月只有约二十四升的无花果和小麦作为生存配给。然而，几块线形文字 B 泥板记录了一个名叫卡珊德拉（Cassandra）的女奴收到的无花果和小麦比她的同伴们多二十五倍。对此可能的情况是卡珊德拉是一个奴隶监工，她有可能负责分配口粮。有趣的是，即使在迈锡尼的奴隶队伍中，也有与宫廷自由妇女一样严格的等级制度。

皮洛斯的宫殿城堡是展现迈锡尼文明一个很好的典范。在克里特岛的克诺索斯遗址也发现了类似的泥板，迈锡尼的克诺索斯城邦此前属于米诺斯人。这些泥板总共记录了两千多名迈锡尼自由妇女的信息。其中，值得注意的是，有宗教职务的自由妇女能租赁土地，这在当时的女性中是很罕见的。与荷马所处的时代或后来的希腊古典时期的妇女角色相比，这尤其令人惊讶。希腊古典时期的妇女没有财产权，她们一般被严格限制在家中。

但这并不意味着在迈锡尼人人平等。迈锡尼是一个高度父权制的城邦，妇女没有和男人一样的权利。然而，皮洛斯的女祭司享有较大的自由。线

这块泥板写的是古代一个马其顿女奴的卖身契。

形文字 B 泥板记录了一百二十名拥有宗教头衔的妇女,如女祭司、持钥人、神的仆人、女祭司的仆人或持钥人的仆人,她们可以获得青铜和纺织品等材料供她们祭祀和个人使用。此外,她们还能开发寺庙的土地以获取利润。据记载,一位女祭司还拥有十四名女奴。

王室贵族妇女

除了线形文字 B 泥板提供的信息外,人们对居住在宫殿中的贵族妇女知之甚少。壁画的碎片或刻在珠宝的文字描绘了这些贵族妇女的样子,她们穿着精美的衣服,常常酥胸微露,涂脂抹粉,戴金佩铜。有时王位的传承是由母亲传给女儿,并非由父亲传给儿子,所以高贵的迈锡尼女性会受到尊敬。在荷马史诗中,我们从墨涅拉奥斯和海伦身上可以窥见这种传承:海伦是斯巴达的女王,而墨涅拉奥斯通过与海伦结婚,才能成为国王。有人认为,这解释了墨涅拉奥斯为什么对海伦被绑架如此愤怒;没了海伦,也许他在斯巴达的权力就会被削弱。

人们对赫梯的贵族妇女有更多的了解,这些妇女在王宫中拥有相当大的权力。赫梯女王也是帝国的大祭司;她与国王共用一枚印章,有权签署官方文件。国王去世后,她和国王的继承人一起接替国王统治国家。据哈图沙楔形文字记载,这种统治模式往往会给新统治者的妻子带来麻烦。一位叫普杜赫帕(Puduhepa)的女王直接与埃及法老拉美西斯二世通信,在信中甚至协商她其中一个女儿和拉美西斯二世结婚的细节。普杜赫帕在哈图沙的金库被烧毁后,她正努力筹集女儿的嫁妆,于是在拉美西斯催促她安排嫁妆时便遭到了她的斥责,她的地位和权力由此可见一斑:

我的兄弟(拉美西斯),你是一无所有吗?只有太阳神的儿子、风暴神的儿子和大海都一无所有时,你才能说你一无所有!不过,兄弟你想吸我的血来发财致富,这不符合你的声誉,也不符合你的地位。

——普杜赫帕,赫梯女王

泥板所写的是哈图西里三世之妻普杜赫帕所写的信件。

贸易工具

奴隶劳动是迈锡尼、赫梯和特洛伊之间的一个重要联系。迈锡尼和赫梯都是当地实力雄厚的国家，它们通过战争、贸易和手工业来发展自己的文明。人们在阿尔戈斯平原种植粮食和其他生活主食，皮洛斯、迈锡尼和梯林斯的宫殿就在阿尔戈斯平原周围形成了一种环形堡垒。

奴隶是经济的重要组成部分，维持着迈锡尼帝国不断增长的人口。迈锡尼的扩张政策意味着要养活的人越来越多：公元前13世纪，城邦人口的出生率升高，而且还需要养活越来越多的奴隶。赫梯帝国的情况也是如此。在赫梯，大多数普通人都是农民，他们在为城市种植粮食的同时勉强维持着生计。城市完全依靠他们。哈图沙楔形文字泥板记录了国王在战后遭遇大饥荒时期对整个农业区重新安排的情况。如果没有奴隶在农场劳作，帝国大部分人民可能早已饿死了。

这些庞大的农业区的产品有盈余会用来出口，其中最主要的产品是用于纺织的羊毛；赫梯和迈锡尼的羊毛贸易发展都很繁荣。克诺索斯出土的线形文字B泥板显示，有超过一千名女奴在王宫从事纺织工作，工作内容包括梳理羊毛、进行纺纱，然后织成布匹供出口。这些泥板上有一长串的数字和计算方法来记录纺织业的细枝末节。记录显示克诺索斯有十万只羊，还有一小队牧羊人和剪羊毛的人。同样，对织工的羊毛分配、生产目标和成品布的数量也有类似的记录。

许多女性奴隶来自安纳托利亚，因为她们有纺织羊毛的能力。有技能的奴隶是很有价值的商品。人们认为特洛伊 6 城和 7 城在特洛伊战争时期就存在，并且在这两个城的废墟中发现了数以百计的羊毛纺锤。特洛伊自己生产羊毛，同时也进口羊毛产品。用迈锡尼羊毛制成的纺织品似乎很有异国情调，很吸引赫梯人。在特洛伊城也发现了其他迈锡尼的奢侈物品，包括装饰过的鸵鸟蛋、象牙制成的盒子和三脚碗。

不过，在特洛伊城考古遗址出土的物品中，最常见的是迈锡尼的陶器。迈锡尼制造的黏土罐，尤其是所谓的马镫罐，是青铜时代爱琴海周围定居点中发现的最普遍的一种工艺品。特洛伊似乎是迈锡尼大客户中的一个。在特洛伊城的废墟中，发现了大量公元前 16 世纪到公元前 13 世纪上半叶的迈锡尼陶器。然而，公元前 1250 年左右，陶器的供应中断了，这段时间也刚好是特洛伊战争发生的时间。

除了特洛伊和迈锡尼之间有贸易往来，在整个地中海，绝大多数城市之间也有贸易往来。在土耳其西部和南部海岸，有许多青铜时代的沉船，这表明爱琴海区域尤其是在迈锡尼和赫梯之间有一个纵横

哈图沙的废墟，一个曾经伟大的国都如今沦为风吹日晒的荒地。

在哈图沙发现的成千块楔形文字泥板中的其中一块。

交错的巨大航海网络。在土耳其格里多亚角（Cape Gelidonya）附近发现了一艘公元前13世纪的沉船，船里有一批铁铲、斧头、镐和一百个铜锭，每个铜锭重约二十三千克。

来自安纳托利亚和塞浦路斯（Cyprus）的铜和锡对迈锡尼来说至关重要。虽然迈锡尼的城邦密切控制着自己的农业和手工业生产，但整个城邦面积太小，无法完全自给自足。原材料，特别是制造青铜武器的锡和铜必须依赖进口。我们可以推出其中一些原材料是从特洛伊进口的。

因此，我们可以描绘出这样一幅画面：迈锡尼的大商船从特洛伊出发，满载着锡、铜、成捆的羊毛和在安纳托利亚东部平原附近上饲养的马匹，也许船上还有能够熟练加工羊毛的奴隶，也许船会经停米利都的奴隶市场来购买为迈锡尼服务的劳动力。在梯林斯等港口城市卸下货物后，迈锡尼的商人将继续向东航行。船上装有卖向特洛伊市场的填满葡萄酒、香水、橄榄油的马镫罐，织布和其他毛织品，还有让迈锡尼战士名留青史的青铜武器装备。这些武器装备使迈锡尼人能够管控其王国，并通过贸易和战争扩大王国影响力。贸易和战争这两方面的关键因素是奴隶，农业和手工业都需要奴隶，而战争能带来更多的奴隶。

正如我们在荷马笔下所见，女奴能取悦王国的贵族战士们。没有贵族，就没有战斗力，就没有政治权力的基础。为了有足够的奴隶和财物，迈锡尼国王定期用武力洗劫海外的定居点。几乎所有青铜时代的国王都会不断洗劫和发动战争，特别是像迈锡尼这样具有扩张野心的"超级大国"。

080   特洛伊

关于希腊奴隶市场的画作,出自W.S.巴达托普鲁斯(W.S. Bagdatopoulus,1888—1965年)之手。

海因里希·施里曼在迈锡尼发现的战士花瓶细节。

维持奢华生活

在荷马的诗歌中，谋杀和夺取奴隶的行为都得到了颂扬。成为"城市洗劫者"是一种荣誉称号，并能受到褒奖。因为得来不易，所以以此为荣。

处于迈锡尼顶层的人十分在乎地位和财富。国王们住在用希腊各地进口的大理石装饰而成的豪华宫殿里。建筑师和室内设计师可能会在迈锡尼各地用令人眼花缭乱的颜色装饰王室宫殿和民宅。住在王宫的随行人员是贵族战士们，他们要求自己的国王能为他们提供舒适、奢华的生活。国王要给这些战士提供财物、奴隶、盔甲、武器和昂贵的墓地，这就肯定需要大量的财富。且每个城市都需要食物、水、城市基础设施和居住的房屋。像阿伽门农这样的国王，要管理及花费钱财维持他的城邦，一定会头痛不已。迈锡尼女奴的寿命很短。那个时代的医学并不发达；在迈锡尼墓穴中发现的许多骨头显示人死于传染病，如脊髓炎（一种骨感染）和布鲁氏菌（一种在未经消毒的牛奶中发现的高度传染性病菌）病。如果不加以治疗，这两种疾病都会让人痛苦地死去。墓穴中的许多感染者是五岁以下的儿童。对于青铜时代的奴隶来说,生活是痛苦而短暂的,所以会被不断地更换。

皮洛斯的泥板记录了奴隶的数量——二十二名克尼多斯妇女及十名男孩和十二名女孩,同时还记录了战争装备和其他珍贵物品:一面象牙镜子、一面八字盾牌、一把镶嵌着白银的金椅以及一辆用象牙装饰的深红色战车。由此可见,迈锡尼宫廷的贵族十分喜爱贵重金属制成的异国物品。

女性和暴力

大多数被劫持为奴隶的妇女必须在迈锡尼的大庄园里劳动,另外少数妇女则注定要成为劫持者的性奴隶。在荷马史诗中,皮洛斯国王涅斯托耳对阿喀琉斯顺利成为城市洗劫者和妇女掠夺者的印象深刻。在一次突袭中,涅斯托耳得到了美丽的赫卡墨得(Hecamede),她花容月貌,注定要成为他的仆人和床伴。

在荷马史诗中,有一长串关于被占之地和被劫妇女的名单:斯西利亚(Scyrian)的伊菲斯(Iphis)成为帕特洛克罗斯的床伴,莱斯博斯岛的迪奥米德(Diomede)成了阿喀琉斯的床伴,另外七个来自莱斯博斯岛的女人成了阿伽门农的囊中之物。

荷马没有提到希腊盟军对妇女的强奸,但这只是表面上没说,实际情况却不尽然。荷马笔下的希腊人在谋杀男人和抢夺女人方面有一种帮派心态。阿喀琉斯

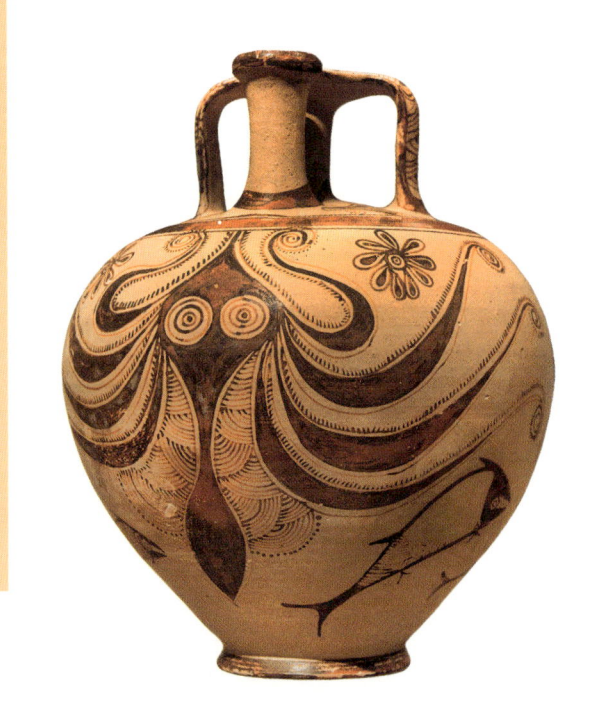

约公元前1200年的迈锡尼马镫罐,可能是用来装运液体。

杀了布里塞伊斯的家人，然后占有了她。希腊人吹嘘自己在特洛伊被洗劫后抢走了所有女人，她们成了战士们取乐的玩物，是他们期望的胜利报酬。涅斯托耳自己也说得很清楚："任何人都不要急于启程回家，……和某个特洛伊人的妻子上了床再说。"

荷马从未详细披露其中实际存在的性暴力。不过，他明确说道，在青铜时代，许多从故乡海岸被劫走的妇女，被强奸是她们躲不开的命运。

几个世纪以来，迈锡尼国王为维持他们的生活方式发展了一个可行的制度，但这一制度依赖于青铜时代更大层面上的经济稳定。然而，从公元前13世纪开始，在迈锡尼文明处于巅峰之时，城邦经济却开始了衰退。

城邦经济衰退的部分原因是突袭造成的不稳定局面。迈锡尼人是突袭群体的一部分，心怀不满的赫梯贵族如皮亚玛拉都也是其中的群体。在周边地区，还有更多不起眼的群体，如乘船的海盗和碰运气的投机者。后来发现这些不起眼的群体中包括神秘的海上民族，他们加速了青铜时代的崩溃，使文明世界进入了黑暗时代。

不过，突袭并不是城邦经济衰退的唯一原因，城邦还面临着人口过剩、农作物歉收和土地干旱的问题。与此同时，堡垒和防御工事也在不断加固。迈锡尼人对

这时的特洛伊仍然是安纳托利亚西部的一颗闪亮夺目的"宝石"，是任何"城市洗劫者"眼里巨大的财富。

迈锡尼城堡中的圆形墓葬。

城邦之外的一些事感到担忧，他们在爱琴海东部的力量似乎也在减弱。他们在安纳托利亚西海岸的米利都城邦被赫梯人夺走了。由于失去了对米利都奴隶市场的控制，迈锡尼人不得不到其他地方去寻找所需要的奴隶，也许会到北方的城市或到特洛伊城碰碰运气。

这时的特洛伊仍然是安纳托利亚西部的一颗闪亮夺目的"宝石"，是任何"城市洗劫者"眼里巨大的财富。当然，特洛伊也经历了无法控制的灾难，比如地震给城市造成了巨大破坏，削弱了城墙防御，使基础设施混乱不堪。这一切会不会让特洛伊成为迈锡尼人的觊觎之物？因为当时迈锡尼的制度和城市已经开始衰退。攻破特洛伊会不会带来足够的财物和女人来帮助迈锡尼帝国再撑上几十年？能不能增加迈锡尼的劳动力，安抚贵族们贪得无厌的财富欲望？对特洛伊的洗劫是出于贪婪，还是出于需求？仅海伦的私奔就能让迈锡尼出兵吗？

这些问题我们也许永远不会有答案，因为迈锡尼的线形文字 B 泥板只记录了奴隶和物品等财产。而哈图沙的楔形文字泥板记录的是条约、法律、清单和信件。这些原始资料中没有任何关于特洛伊被洗劫以及给当地人带来伤害的内容。相反，诗人留给我们一些关于特洛伊的描述，他们的诗句佐证了所有曾被卷入战争的妇女的痛苦。

战争中的受害者

荷马写到了战争和围困给妇女带来的可怕代价。在特洛伊，普里阿摩斯的女儿卡珊德拉在雅典娜的祭坛上遭到希腊人小埃阿斯（Ajax the Lesser）强奸后被阿伽门农抓去当了奴隶；后来她被阿伽门农的妻子克吕泰涅斯特拉杀害。普里阿摩斯的另一个女儿波吕克赛娜被强行带到阿喀琉斯的墓前割喉献祭。安德洛玛刻被阿喀琉斯的儿子当作战利品，她与赫克托耳生的儿子阿斯蒂阿纳克斯（Astyanax）被摔死在城墙上。普里阿摩斯的妻子海卡蓓（Hecabe）被当作战利品送给了奥德修斯，众神因为她对奥德修斯恶狠狠地咆哮把她变成了狗，最终只有她得以逃脱死亡。

毁灭完特洛伊后，剩下的希腊战士们就收拾东西回家了。他们中的许多人要经历漫长动荡的归途，有些还会死在女人的手中。阿伽门农在回家那天被他的妻子克吕泰涅斯特拉杀害。狄俄墨得斯（Diomedes）回到家中，迎接他的是一个不忠的妻子和一个不复存在的王国。奥德修斯，这个设计特洛伊木马而毁了特洛伊的人，必须杀掉他二十年未见的妻子珀涅罗珀（Penelope）的众多追求者，在将这些人屠杀一空后，奥德修斯又将家中曾是他们情人的女仆处决。而埃阿斯、阿喀琉斯和帕特洛克罗斯的尸骨都被留在了特洛伊平原上。

当特洛伊城在希腊人恣意的屠杀、强奸和掠夺中沦陷时，海伦的命运如何呢？愤怒的墨涅拉奥斯曾发誓要当场杀死她，所以她的命运很可能和别人相似。然而，她的美貌再次改写了她的命运。当她许久未见的丈夫举着剑冲进她的房间时，海伦裸露出她的乳房，最终得到了宽恕，没有再受到指责。海伦将回到斯巴达，像以前一样做回她的女王。她的其中一项职责是指导那些在庄园

普里阿摩斯的女儿卡珊德拉遭到小埃阿斯侵犯。

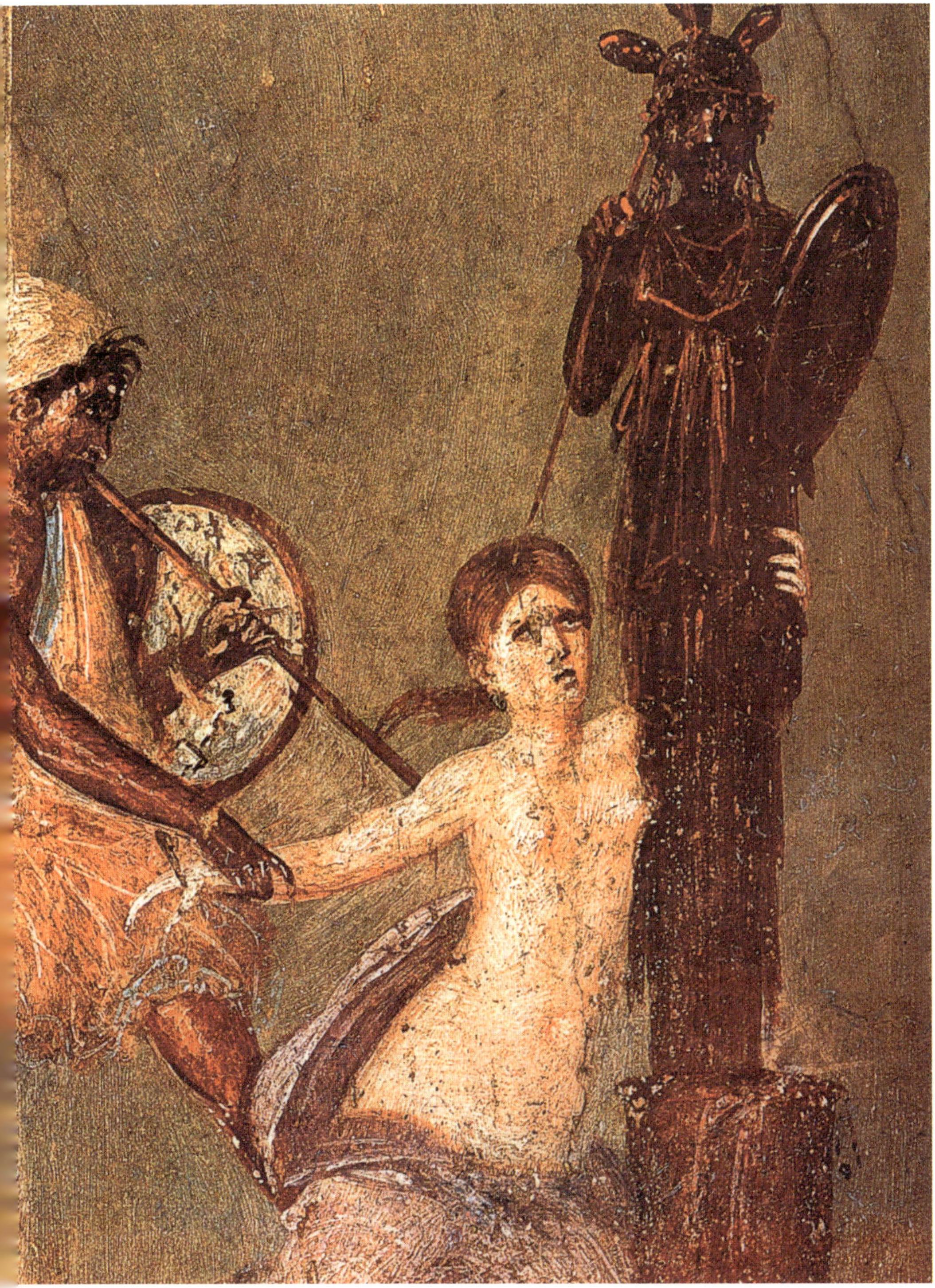

中工作的女奴监工；这些监工都是女人，但她们没有王室血统和夺目的容貌。

海伦和墨涅拉奥斯注定要一起到老。在《奥德赛》中，奥德修斯的侄子在斯巴达的宫殿里拜访了这对老夫妇。海伦邀请他"现在就在宫殿里坐下，接受招待，享用晚餐"。然后，海伦讲述了特洛伊战争的故事，包括她试图用希腊妻子的声音对躲在木马里的希腊英雄们说话来欺骗他们。"是的，我的妻子，你说的这些都确有其事，"墨涅拉奥斯温柔地迎合道。

荷马关于特洛伊战争最后的交代也来自《奥德赛》。这一次，奥德修斯想起了特洛伊的结局。同样，画面是一个注定要被奴役的寡妇：

于是，这位著名的歌手唱起了他的故事，奥德修斯感动了，他泪水横流，打湿了脸颊。像一位妇人，痛哭流涕，扑倒在心爱的丈

这幅歌德·蒂施拜因（Goethe Tischbein）的画作展示了特洛伊沦陷后，奥德修斯踏上了史诗般的回家之旅，后来与妻子珀涅罗珀重逢的场景。

夫的尸体上,她的丈夫为城市和人民而战,试图为城市和孩子们赶走无情痛苦的岁月;她看到他奄奄一息,喘着粗气,便匍匐地抱在他的身上,高声哭喊着,但她身后的敌人用矛击打着她的脊背肩膀,逼她起来,强行将她带走去充当奴仆,操作苦工,强忍悲痛。她满脸泪水,这就像是奥德修斯流落的眼泪。

——荷马,《奥德赛》,第八卷

墨涅拉奥斯和海伦的石雕。

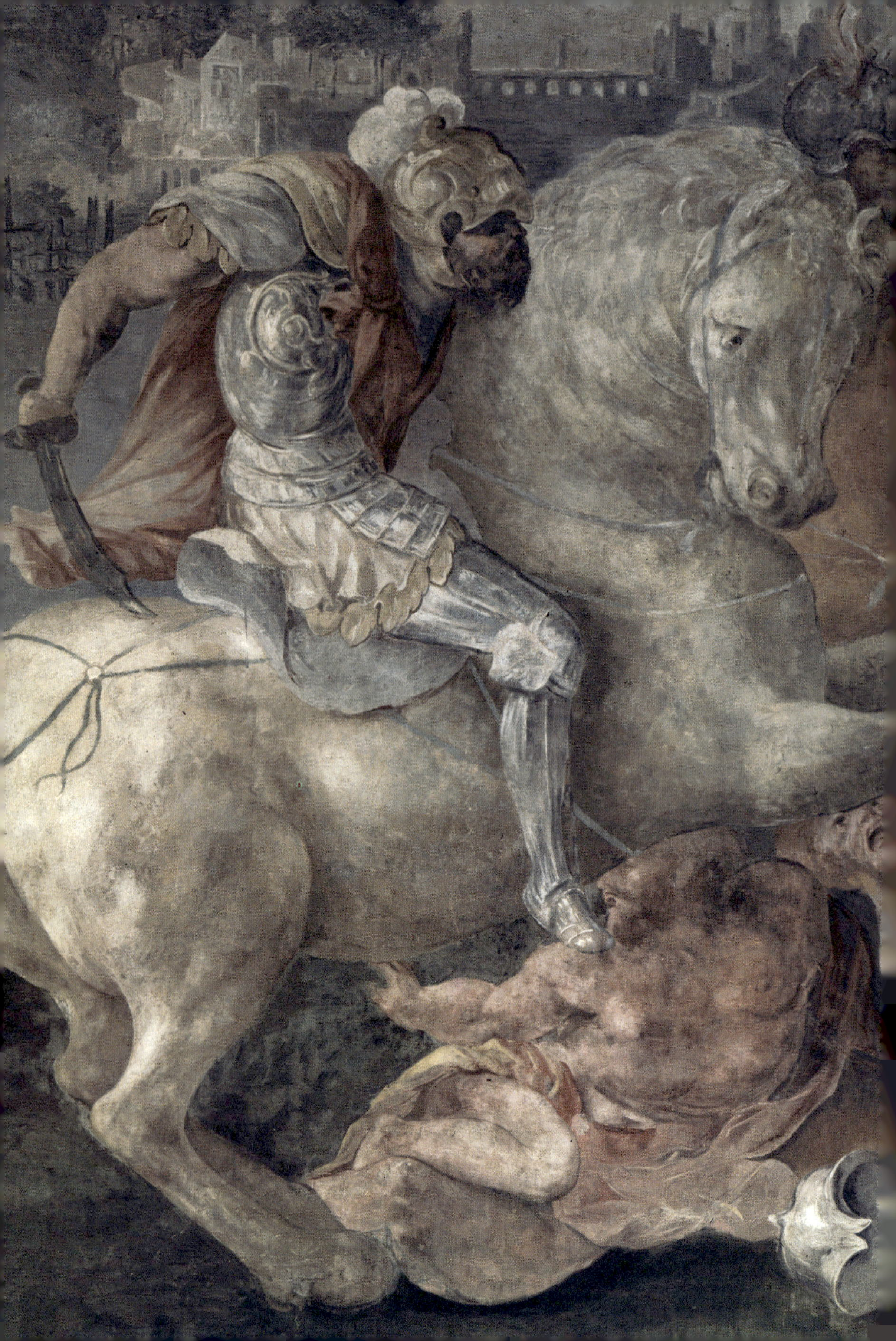

第四章　野蛮的围攻

特洛伊的故事充满暴力和死亡。荷马详细地讲述了令人震惊的战士死亡过程。青铜时代的战争确实很残酷,但在《伊利亚特》中,亡者都有名有姓,他们的生命受到了神的庇佑。

16世纪诺埃·雅利耶(Noël Jallier)的画作描绘了特洛伊城外战斗的场景。

许多人认为《伊利亚特》是世界上第一部伟大的作品，是第一部关于战争的书。战争能推动历史的发展，因此了解世界就必须要了解战争。荷马笔下的故事说明了战争的残酷性和野蛮性，但同样说明了特洛伊战争归根结底源于愤怒和复仇。阿喀琉斯的女奴布里塞伊斯被阿伽门农带走后，阿喀琉斯愤怒不已；帕特洛克罗斯被杀后，愤怒又促使他重返战场。

然而，阿喀琉斯的战友帕特洛克罗斯并不是因为愤怒而走上战场的，他是出于对荣誉的渴望以及对希腊人所受苦楚的悲悯。帕特洛克罗斯满含热泪地恳求阿喀

琉斯后，他得以参战。他穿上了带银扣的青铜护腿，满是镶嵌物的铠甲，并把镶银的青铜剑和巨大的盾牌背在肩上。头盔顶上嵌着的马鬃毛威严地迎风摇摆着，他手持两根长矛，准备战斗了。"杀戮的尖叫声和胜利的呼喊声同时在战场上响起，地面上流淌着鲜血"，荷马这样描述帕特洛克罗斯进入战场的情景：

帕特洛克罗斯走到忒斯托尔（Thestor）面前，用长矛刺向他的右下巴，钩住他的牙齿，把他拉到车边，就像一个人坐在突起的岩壁上，用鱼钩线把一条大鱼从海里拉出来一样……接着忒斯托尔被扔在地上，脸朝下被摔死了。当厄鲁劳斯（Erylaus）要来攻击时，他拿起一块石头狠狠地砸在对方的头上，砸碎了厄鲁劳斯被头盔保护着的脑袋，对方一头栽倒在地上，死亡的痛苦阵阵袭来。

——荷马，《伊利亚特》，第十六卷

古典学者伯纳德·诺克斯（Bernard Knox）指出，上钩的鱼这个比喻是为了强调这种杀戮的残酷性。人们只看到了死亡，而没有经历过。人变成了一条鱼，荷马对青铜时代的战争描述常常不带任何感情色彩：

佩涅勒奥斯（Peneleos）和莱孔（Lycon）的长矛都没有击中对方，所以他们现在正在近距离交锋。他们拔出了剑。莱孔击中了佩涅勒奥斯头盔上的鬃毛，但他的剑在剑柄处断裂了，而佩涅勒奥斯则挥剑砍入了他的脖子。剑砍得很深，他只剩下一层皮连着头颅，之后没了生命迹象。墨里奥涅斯（Meriones）徒步追赶着阿卡玛斯（Acamas），在他即

阿喀琉斯向宙斯献祭，祈求宙斯保护帕特洛克罗斯。

HOM[ERI]
OPE[RA]
OMN[IA]
quæ [extant]
TOMUS [I]

IL[IAS]
GRAECE [et Latine]
Juxta Edition[em]
& accu[ratissimam]

SAMUELI[S...]

AMSTE[LODAMI]
Apud J. WE[...]
MDC[...]

HOMERI OPERA

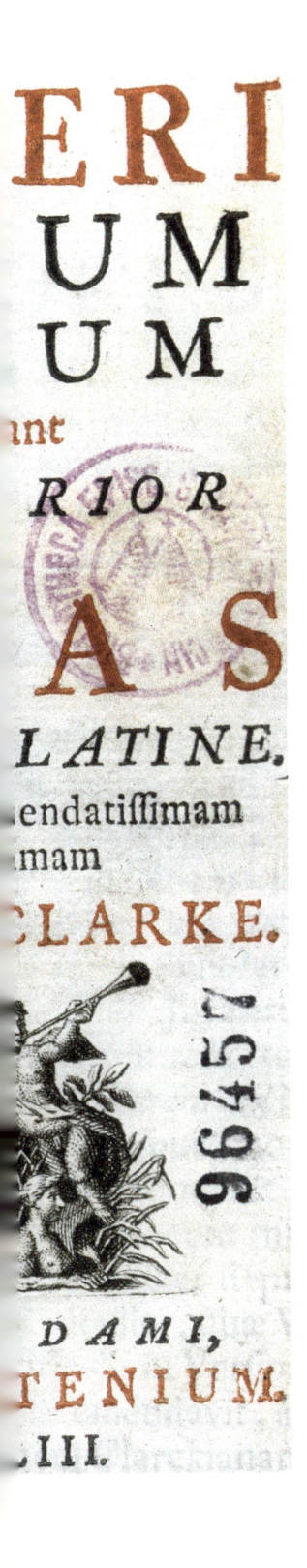

将登上战车之际追了上来,并用长矛刺穿了他的右肩,他从车上一头栽了下来,随之眼睛紧闭。伊多梅纽斯(Idomeneus)用长矛刺穿了厄鲁玛斯(Erymas)的嘴:长矛的铜尖直穿过嘴巴,击碎了牙齿,血从他的两只眼睛、嘴和鼻孔里涌出来,死亡的黑暗笼罩着他。

——荷马,《伊利亚特》,第十六卷

《伊利亚特》中,一百七十次战场交锋同样生动地描述了生命的残酷终结:"赫克托耳只杀了迈锡尼人科普瑞俄斯(Copreus)的儿子佩里斐忒斯(Periphetes),科普瑞俄斯常常将欧律斯透斯(Eurystheus)国王的命令传达给大力士赫拉克勒斯(Hercules),但儿子在各方面都比他这位父亲强得多。皮拉赫梅斯(Pyraechmes)率领派俄尼亚(Paeonian)骑兵从阿米顿(Amydon)到了宽阔的阿克西厄斯(Axius)水域,佩里斐忒斯的长矛击中了皮拉赫梅斯的右肩,伴随着一声呻吟,他倒在了尘土之中。"

皮拉赫梅斯是一个有背景、有家庭的人,他的死令人唏嘘。死亡让人类损失惨重。有时一些诗歌的细节描写让死亡变得更加悲怆。例如在第六卷中,"狄俄墨得斯杀死了透特拉斯(Teuthranus)的儿子阿克绪罗斯(Axylus)。富人阿克绪罗斯住在阿里斯比(Arisbe)的大城市里,他常敞开路边的屋子,接待宾朋,因此广受爱戴,但他的客人中没有一个站出来救他的命。"

《伊利亚特》拉丁文版,于1743年出版。

赫克托耳告诉手下的士兵盯紧希腊海滩上的营地。

名誉和荣耀

  荷马写出了战争的残酷，但他同样认为战争能带来荣耀、声名和战绩。帕特洛克罗斯走上战场源于他渴望创造辉煌的战绩，因此他在战场上肆意屠杀。战争使得希腊联盟的国王和英雄们离家远征，他们渴望战斗，战场是赢得荣誉的地方。

  对荣誉和名声（即希腊语中的kleos）的渴望驱使阿喀琉斯等迈锡尼贵族出征特洛伊。阿喀琉斯的母亲海洋女神忒提丝，曾提醒并告知过阿喀琉斯的命运。他自己需要做出选择，要么在默默无闻中度过漫长的一生，要么年纪轻轻就在特洛伊的战场上光荣地死去，但后者可以让他流芳百世。最终，几乎"刀枪不入"的他，由于脚踝这一弱点死在了特洛伊。忒提丝曾将刚出生不久的阿喀琉斯浸入冥河以使他

钢筋铁骨，成为不死之身。可是，被忒提丝握住的脚踝没有浸到冥河之中，导致他被帕里斯射中了脚踝而受伤，这场战争中最伟大的英雄就这样被最胆小的懦夫杀死了。

因为宙斯的意愿，赫克托耳也要在特洛伊战争中赢得不朽的名声。赫克托耳的生命很短暂，所以宙斯在奥林匹斯山的宝座上只给他一人授予了荣誉。

荷马告诉我们，一个优秀的战士要做出杰出的壮举才能获得荣誉。这壮举包括：杀死另一个优秀的战士，翻越防御工事攻破城市，或接连杀死许多敌人。在特洛伊战场上，大多数的战斗都不会给参战的战士带来荣誉——他们中只有最勇敢、最优秀的人才能获得荣誉。

> 对荣誉和名声的渴望驱使阿喀琉斯等迈锡尼贵族出征特洛伊。

赫克托耳最终面临着两难的境地：一是与阿喀琉斯作战，维护自己的名声，或许还能早日结束围困；二是留在特洛伊城内，长期对峙，寄希望于自己在战场上的杀戮能逐渐削弱希腊人的力量，而这很不现实。在某种程度上，可以说他与阿喀琉斯面临的处境相同：要么死得伟大，要么默默无闻地苟活到老。

恐怖画面

荷马以一种简单生动、令人震惊的方式细致地描绘了围困期间个人死亡的情景，描述有时甚至令人难以置信。

赫克托耳用长矛刺中了克尔西达玛斯（Chersidamas）的下颌，长矛的末端打掉了他的牙齿，把他的舌头切成了两块。紧接着，克尔西达玛斯刚从战车上下来，赫克托耳就绕过他的盾牌刺中了他的腰部。他倒在了尘土中，手里还紧紧地握着泥土。一块石头击中了赫克托耳的战车手、普里阿摩斯的私生子克布里奥涅斯（Cebriones），当时他正手握着战车上的缰绳。石头打碎了他的额头，眉毛凹陷到了脑袋里，眼睛也掉在了脚下。他猛地将长矛扔了出去，密涅瓦（Minerva，指雅典娜）引导其刺向潘达洛斯（Pandarus）的鼻子，被刺之处十分靠近眼睛。长矛击碎了潘达洛斯的白牙，铜质的矛尖割掉了他的舌根，舌头从他嘴里掉了出来。他重重地摔在了地上，身上穿着的金光盔甲发出沉重的撞击声。墨里奥涅斯抓住正在逃跑的敌人，用长矛刺穿了他的右臀；矛头穿过骨头刺入他的膀胱，他大声哭喊，跪倒在了地上，一命呜呼。佩罗奥斯（Peirous）打伤了对手，然后冲到对手这里，用长矛刺入了他的腹部，他的肠子流了一地，死了。

——荷马，《伊利亚特》，第十六卷

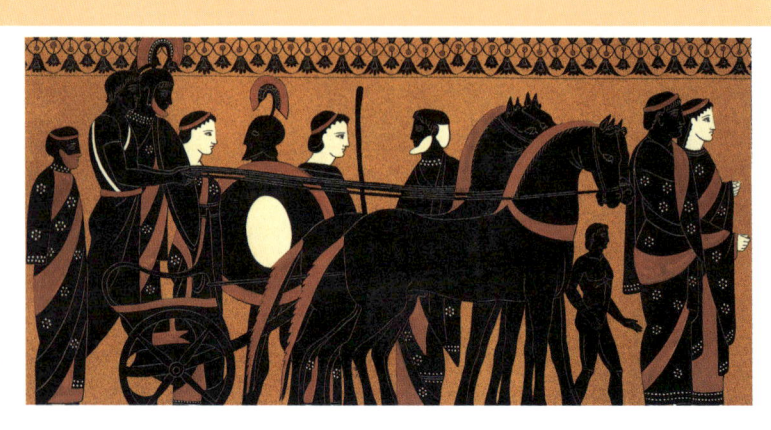

希腊花瓶上的图案描绘了阿伽门农登上战车的画面。

忒提丝将阿喀琉斯浸入冥河以使他成为不死之身，但是，被忒提丝握住的脚踝没有浸到冥河之中。

挺进战场

荷马认为战争能令人上瘾。

涅斯托耳说:"阿伽门农国王,让传令官召集人们到各自的船上集合,然后我们跟在军队之中走动,这样就能立马开始作战。"阿伽门农采纳了他的建议……阿特柔斯之子身边的酋长们选定作战士兵并将他们集结起来,而密涅瓦走到他们中间,拿着她那无价的、能保佑人长生不死的护身符,挥舞出一百条纯金的穗子,这些穗子做工巧妙,每一根都值一百头牛。她在阿开奥斯人中到处狂奔,催促他们前进,给他们勇气,使他们可以不停地战斗。因此,在他们眼中,战争甚至比乘船回家更有意义。就像从远处可以看到山顶上熊熊燃烧的森林之火,行军战士们盔甲的光辉也直射苍穹。

——荷马,《伊利亚特》,第十六卷

读者期待在有关英雄的故事中,读到进攻军队令人振奋的行军场景。然而,尤其是在长达一天的混战中,一个人在战斗中的荣誉和英雄行为很难平衡取舍。

希腊德尔斐锡弗诺斯人宝库(Siphnian Treasury at Delphi)的带状浮雕,描绘了特洛伊战争中的战斗画面。

国王和贵族战士都会带领他们的一队人马出战，比如阿伽门农和阿喀琉斯这样处于希腊军队等级制度顶层的人，以及特洛伊军队顶层中的帕里斯和赫克托耳。青铜时代军队中有明显的阶级划分，从一个战士的盔甲和武器装备中一眼就可以辨认出他的等级。像帕特洛克罗斯这样处于顶层的人可以全副武装地穿戴青铜装备，包括穿戴一个有羽饰的头盔、长袍、盾牌和胸甲（保护身体的盔甲）。

普通士兵的装备要少得多，他们没有带马鬃的青铜头盔，也没有盾牌和灰白色的长矛。他们只带着弓箭和绞毛投石索来到特洛伊。像帕特洛克罗斯那样穿戴的华丽盔甲十分珍贵和罕见。

战车

军队中的最高层人员乘着战车上战场，这是青铜时代的一贯做法。当时的战车相当于小型的坦克。对前线作战的步兵来说，看见一排冲锋陷阵的战车出现在对面会令他们信心尽失。迈锡尼人的战车大多很轻，由木头和柳条制成，通常由两匹马牵引。战车可以由一名战士驾驶，也可以再带上一名坐在前排的弓箭手，它在战争中的最大优势便是能够快速地移动。

青铜时代，地中海沿岸的所有"超级大国"都广泛地使用战车。埃及人和赫梯人之间的卡迭石战役主要是通过战车进行的，据说使用了六千多辆战车。迈锡尼人的战车比赫梯人的更大、更重，它能够搭载三名人员。

尽管荷马称特洛伊战争中使用了战车，但数量上不太可能很多。对迈锡尼人来说，船只空间容量有限，运送战车会占用宝贵的空间，更不用说运送马匹了。特洛伊人虽然骑艺了得，但如果他们依赖战车作战，也会有诸多的困难。因为特洛伊周围的地形多沙且松散，不适合使用轮式战车，所以双方作战主要使用的还是步兵。

荷马描写的战斗与古典时代希腊的战斗不同，在古典时代的希腊，严密的方阵队伍受到严格的战斗命令调配，军纪严明，整体作战。相反，青铜时代的战争混乱无序，它往往看中个人和个人荣誉，没有团结一致、训练有素的作战方式，希腊军队直到后期才发展了整体作战模式。

特洛伊

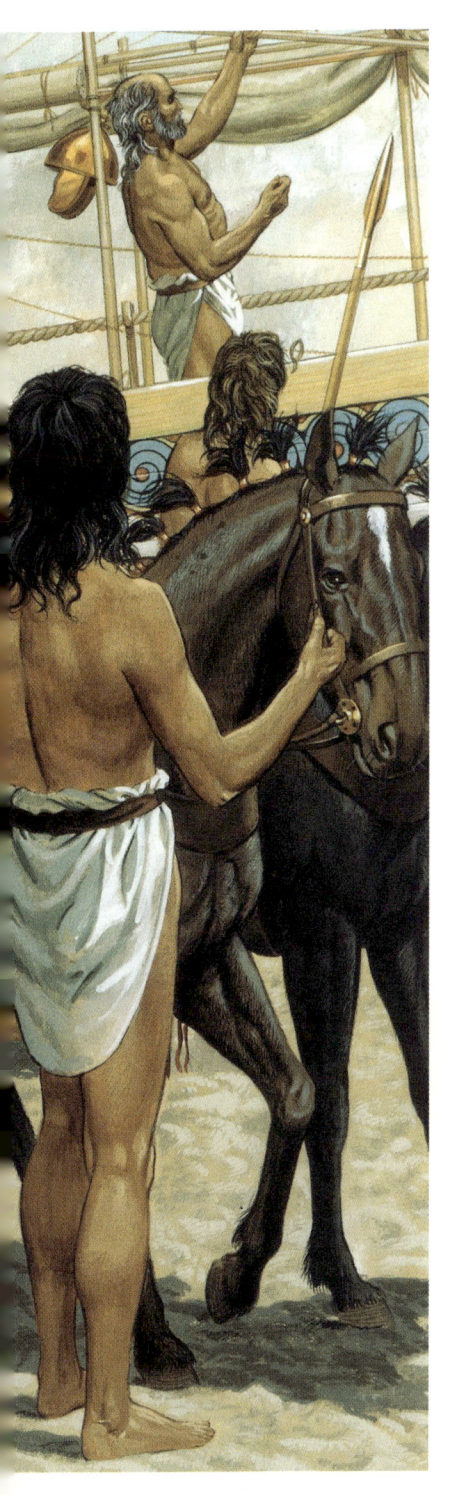

正如青铜时代的许多战役一样，《伊利亚特》中的战斗在开阔的平原上近距离进行。战争伊始，箭石齐发。在墨涅拉奥斯与帕里斯决斗后，吕卡翁（Lycaon）的儿子潘达洛斯用箭射伤了墨涅拉奥斯，由此可见弓箭的厉害。潘达洛斯的这一箭打破了希腊联盟与特洛伊之间休战的状态。

据说潘达洛斯的弓是由野山羊的角制成的，它的多层结构使得弓强度格外好。复合弓在弦被拉回时可以保持高度的曲率，虽然这种弓小而轻，但射程却很远。

继弓箭手和投石手发射之后，最好的战士（或荷马所称的"冲锋战士"）将奔向前线。这些战士都是精锐的冲锋部队，他们装备精良，受过专门训练，只为到最危险的前线去作战。"前线"并非是静止的，而是一个不断变化转换的地方，就是双方军队之间的杀戮区。战士们在前线和后线之间不断移动，他们步入杀戮区参与战斗，投掷长矛，或者一手拿剑，一手持盾，与敌人单挑独斗。

两支军队的大部分战士们都离对方很远。没有人会一直待在前线，也没有人会在后方无事可干。当受伤或疲惫不堪的战士们退下来休息时，另一些战士会补上去，就如同某种"传送带"一样。荷马笔下的战士们往往会以家族成员或亲属小队的形式一同走上前线，不过在混乱的战争中，他们往往会四散开来作战。

特洛伊海滩上的迈锡尼士兵，他们头戴传统野猪獠牙头盔。

公元前1274年的卡迭石战役中使用了战车。

    由于前线人员不停更替，青铜时代的战争以及《伊利亚特》中的战争可以持续一整天。战斗中虽然偶有平衡破坏点，例如一个伟大的战士被屠杀后，随之而来

的恐慌会导致前线崩溃并迅速撤军,而这时另一方的士气则会受到鼓舞,对撤退的军队穷追不舍,但这样的机会很少出现。因此,在特洛伊战场上,战争常常在夜幕降临时才会结束,且双方往往难以分出胜负。在荷马笔下,这种战斗的僵局据说持续了十年之久。

奋起抵抗或临阵逃脱

战争中的英雄准则是复杂的。战场上的士兵没有一个是不害怕的，他们甚至会在战斗慌乱时刻逃跑。考虑到当时的情况，这并不令人惊讶。在荷马笔下，希腊人和特洛伊人之间的战场是一个布满汗水、灰尘和鲜血的地方，它充斥着箭石嗖嗖作响的声音、碰撞的武器声和士兵的吼叫声，无比的混乱嘈杂："山上森林燃起的熊熊大火以及狂风呼啸而过山顶时发出的咆哮声都没有特洛伊人和阿开奥斯人战斗时发出的惨叫声猛烈。"

战场上的景象确实令人不寒而栗。宙斯在一天的战斗开始时降下了一场象征性的血雨，之后是混乱的砍杀、奔跑、刺杀和尖叫。在正午的烈日下，肢体、内脏和骨头散落在尘土飞扬的平原上，鲜

古希腊手稿上画有特洛伊战争的画面。

血浸透了沙尘,尸体堆积在一起散发出令人呕吐的腐烂味道。

正如我们所知,战士们不会被要求只战而不休,也不会被要求对战争表现得完全无畏。荷马笔下的英雄们也不是完全无畏的战士,而是有所畏有所止的人。

几乎所有的人都会在某个时刻感到恐惧,阿喀琉斯也不例外。赫克托耳从阿喀琉斯手中逃走后,被阿喀琉斯围着特洛伊城墙追赶了三圈才停下来战斗。同样,赫克托耳在埃阿斯面前退缩了下来,他看到埃阿斯心就怦怦直跳;据说整个《伊利亚特》中的战士在面对强大的对手时都会脸色突变、颤抖不已。正是由于这一点,墨涅拉奥斯被战友告知不要与比他强大的赫克托耳决斗。

荷马承认,即使最伟大的英雄在战斗中也会有恐惧和犹豫的时刻,但他们能够克服。比如,在《伊利亚特》第十一卷中,奥德

土耳其吕西亚(Lycia)的带状浮雕,刻绘了希腊人和特洛伊人激战的画面。

修斯被特洛伊人包围："尤利西斯（Ulysses，即奥德修斯）现在孑然一人，阿尔戈斯人都惊慌失措，没有一个人站在他身边。奥德修斯沮丧地说：'唉，我该怎么办？在困难面前转身逃跑很不光彩，但如果我被俘虏了，那就更糟了，萨图恩（Saturn，即宙斯）的儿子已经让其他达南人恐慌不已。为什么我要这样自言自语呢？我很清楚即便懦夫也会退出战场，但英雄无论受伤与否，都必须坚守自己的阵地。'就在奥德修斯一心二用时，特洛伊人的队伍上前把他围住了，他们振奋不已。就像猎狗和健壮的年轻人从四面八方追赶攻击从巢穴里出来磨着长牙的野猪一样，他们能听到野猪磨牙的声音，虽然凶猛，但并不能让追赶的人退却；特洛伊人也是如此凶狠地攻击尤利西斯的。"

迈锡尼的两把青铜剑，分别是公元前1300年和公元前1100年的物品。

青铜时代的武器

在青铜时代,几乎所有武器都是用青铜制造的,但青铜并不是特别坚硬或稳定的金属。在战斗中,青铜剑常常剑柄断裂或弯曲。但除了匕首和长矛,青铜剑是迈锡尼和特洛伊步兵的主要武器。此外,棍棒、钉头锤、单刃斧和新月形斧也被当作武器使用。

剑

在青铜时代晚期,剑通常是双刃的,长约一百四十厘米,由坚硬的青铜制成,用于砍伤敌人。一把较短的单刃匕首长约六十五厘米,用于近距离刺杀。后来较长的诺伊二型(Naue Ⅱ)剑长约八十五厘米,剑身呈叶状;它于公元前1200年左右开始使用。赫梯人还偏爱用一种弧形或镰刀形的剑,这种剑不容易折断;特洛伊可能也有过这种剑。

长矛

白蜡木长矛,长约两米到三米,带有十五厘米的铜矛尖,是青铜时代步兵的主要装备,需双手手持使用。长矛作为标枪投掷,并用来正面刺向对手。据说阿喀琉斯的长矛有十一肘长,即约五米。

迈锡尼人在青铜时代后期使用的是一种较短的单手矛,它长约一百五十厘米,用于近距离作战。

弓箭

大多数青铜时代的军队都装备了由木头、蹄筋和动物角做成的复合弓。箭由木制箭杆和羽毛制成,箭尖是青铜材质的,呈V形,将它拔出就很容易造成严重伤害。

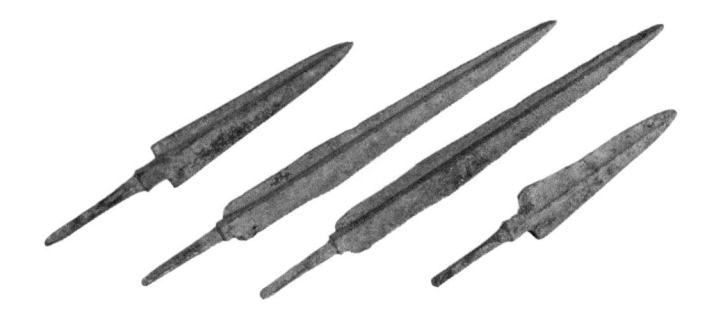

约公元前1200年的青铜矛尖。

公元前 6 世纪的水罐上绘有希腊战士作战的画面。

伤亡

《伊利亚特》中的战斗引人注目的一点是战士们瞬间死亡的数量。大多数交战只有一两个回合或一次冲锋，很少有战斗会有两次冲锋。大多数刺、砍和挥击要么是致命的一击，让人立刻死亡，要么攻击者立马撤退，不再继续作战。

有人认为，《伊利亚特》中较长的战斗情节会让读者感到厌烦，但更有可能的是，荷马只是在示范战士们的技巧和力量，以及他们的战斗带来的后果。

我们从《伊利亚特》中可以看到，致命打击的破坏力有时难以令人信服，如剧烈打击头部会使眼球掉出来、猛击腹部会使内脏涌出到地上、用剑斩首会使骨髓从脊髓中喷涌而出、用长矛能砍下人头。《伊利亚特》中的战斗英雄具有强大的作战能力，他们在身处不利的条件下能够迅速战胜敌人，可以长时间决斗的这种骑士决斗场景并不总会发生。

另一个与我们现代战争相矛盾的地方在于《伊利亚特》中的战争没有重伤这

一说。大多数人很快就被杀死了，很少有人会被打成残废，在尘土飞扬的平原上痛苦地呻吟和扭动，期盼着玛卡翁（Machaon）和波达利里俄斯（Podalirius）这两位文学作品中最鲜为人所知的战地医生来解救他们。

但《伊利亚特》中的战争也会造成一些持久的伤害。墨涅拉奥斯被潘达洛斯的箭所伤，他的伤势让阿伽门农十分担忧，于是叫来了医生玛卡翁。墨涅拉奥斯躺在床上，神情痛苦，贵族们簇拥在他身旁。玛卡翁走到他们中间，立刻把箭从墨涅拉奥斯腰间拔出，使箭的倒刺弯了回去。

《伊利亚特》中的战斗引人注目的一点是战士们瞬间死亡的数量。

弓箭手潘达洛斯很快倒在了布里奥涅斯的矛下。

紧接着，玛卡翁清洗掉血液并涂上可能含有蜂蜜的药膏，这种药膏是在青铜时代广泛使用的一种医学天然抗菌剂，古埃及人尤其爱使用它。古埃及人是外科专家，他们会使用环钻（一种开头盖骨的工具），还发明了人体假肢，如木质脚趾。不过，我们不知道这些外科技术有多少传播到了迈锡尼。

当时人们认为需要清除刺入伤口的武器和碎片，用绷带止血。鸦片被广泛地用于疼痛治疗，但并不清楚是否用它来治疗伤口感染。不幸受伤的战士们除了依靠免疫系统的抵抗，他们的命运还掌握在有最终决定权的诸神手中。

盔甲

迈锡尼最好的金属盔甲属于贵族战士们。普通士兵通常穿的只有短褶裙、护腿套、厚麻布和皮革制成的胸甲以及牛皮盾。特洛伊人的盔甲样式和赫梯人的一致。

头盔

在圣托里尼岛，一些公元前17世纪的壁画展示了迈锡尼战士所戴的野猪獠牙头盔。然而，到了青铜时代晚期，由青铜或皮革制成的带有护颊的小型羽状头盔更为普遍。特洛伊战争时期，使用的是带有护颊且覆盖着鳞片的赫梯青铜头盔。这种头盔很可能取代了带有尖顶的旧款头盔。

护甲

公元前16世纪的一套迈锡尼全身盔甲是由十五块青铜板用皮革固定而成，上至脖子下到膝盖，都可以被保护到。在青铜时代后期，出现青铜板制成的更简易、更小的带有亚麻布衬里的青铜胸甲，有时会与青铜护肩一起搭配穿戴。

盾牌

迈锡尼的木、皮革和青铜制成的长方形"塔形"盾牌或荷马提及的"八字形"盾牌几乎都可以覆盖住全身，但这些盾牌可能在青铜时代的早期使用较为普遍。青铜时代晚期的盾牌是由青铜制成的，大多是小而圆，有时盾牌的下缘会被切出一个半圆的形状。赫梯人使用的一种长方形盾牌是用皮革在木架上拉伸而成的，它能从颈部覆盖到大腿。特洛伊人可能也使用过类似的盾牌。由青铜制成的、用皮革带子连接的护膝可以保护战士的小腿。

直到夜幕降临,留在战场上的尸体才被收起来。大多数青铜时代文明认为遵循得体的葬礼仪式很重要,玷污死者尸体一般被认为是一种暴行。

《伊利亚特》中有一个广为人知的暴行,即阿喀琉斯亵渎了赫克托耳的尸体。阿喀琉斯三次将赫克托耳的尸体拖到帕特洛克罗斯的葬礼火堆旁,尸体在阿喀琉斯战车后的尘土中躺了九天。就连阿波罗也开始反感了:"这对阿喀琉斯有什么好处?他能得到什么荣誉?让他当心,否则尽管他是人中之龙,我们强大的神明也会愤怒地轮番攻击他。看,他暴怒不已,激怒了没有知觉的土地。"

希腊圣托里尼岛阿克罗蒂里(Akrotiri)的壁画上画有迈锡尼战士的野猪獠牙头盔。

阿喀琉斯对赫克托耳尸体的亵渎不符合青铜时代的战争规则，但这个时代并非不允许残害受伤的士兵，也并非不允许讥笑别人的痛苦。

比如，希腊人佩涅勒奥斯砍下了伊利俄纽斯（Ilioneus）的头颅，就像刺穿罂粟花的头一样，他用矛从伊利俄纽斯的眼睛处刺穿了头颅。之后佩涅勒奥斯将头颅耀武扬威地展示给特洛伊人并大声喊道："特洛伊人，让高贵的伊利俄纽斯的父亲和母亲在他们的屋里为他哀悼吧，因为当我们阿尔戈斯人乘着船从特洛伊回来时，阿勒格诺耳（Alegenor）之子普罗玛科斯（Promachus）的妻子不再有机会因为她亲爱的丈夫的归来而感到高兴。"他的一番话让特洛

在希腊登德拉村（Dendra）发现的这套迈锡尼盔甲由铜片层层叠加而成，在此盔甲旁边还发现了一顶野猪獠牙头盔。

伊人感到害怕，所有人都四处环顾，看自己能逃到哪里去。

亵渎尸体主要是为了报仇，每一次亵渎时，都会明确地告诉敌人。阿伽门农因为希波洛科斯（Hippolochus）冒犯了他的手下而砍了希波洛科斯的头和胳膊，然后把他的尸体像木头一样滚到特洛伊人的队伍中。同样，墨涅拉奥斯将英布里俄斯（Imbrius）的头像球一样滚到赫克托耳的脚下。

其他希腊人说他们想要抓住敌人，将他们弄残，有时这是打击敌人士气的一种手段。正如恐吓能在现代战争中发挥作用，在青铜时代也是如此。

公元前17世纪的陶罐上饰有迈锡尼战士的图案。

公元前600年的科林斯式双耳喷口杯，杯面上绘有战士们在特洛伊作战的画面。

掠夺战利品

在《伊利亚特》中，许多战士会从他们杀死的人的尸体上夺走盔甲和武器。其中最广为人知的是，赫克托耳在杀死帕特洛克罗斯后，拿走了他的盔甲，而这身盔甲实际上是阿喀琉斯的。

其他著名的英雄们同样有此举动，"阿特柔斯的儿子阿伽门农用长矛重重击打伊索斯（Isus）的胸膛，同样，阿伽门农也狠狠地击打安提福斯（Antiphus）的耳朵，把安提福斯从战车上扔下来，之后把他们身上漂亮的盔甲脱了下来"。

狄俄墨得斯边说边开始夺取派翁（Paeon）儿子身上的装备，他已经从阿加斯特罗福斯（Agastrophus）的胸前取下护甲、头上的重型头盔以及肩上的盾牌，就在此时海伦的爱人帕里斯拉开弓向他射了一箭。

扒光尸体上的装备不仅是《伊利亚特》中的战士们公认的做法，甚至国王和统帅也认可此种做法。没有人认为这是不光彩的,也没有人认为这是对死者的亵渎;相反,杀死一个战士后,拿走他的装备是自然而然的最后举动。希腊人伊多梅纽斯向上战场之前来寻找长矛的墨里奥涅斯炫耀他有许多从敌人那里拿来的武器:

> 墨里奥涅斯答道:"伊多梅纽斯,我是来找一支长矛的,如果我能在营帐里找到;我的矛刺向得伊福玻斯(Deiphobus)的盾牌时折断了。"克里特人的首领伊多梅纽斯回答说:"就在我营帐的尽头边上,你能找到一支长矛,或者如果你想,二十支也有。我不会站得远远地和敌人打斗,这些都是我从所杀的特洛伊人那里拿的,有长矛,有凸起的盾牌,有头盔,还有锃亮的胸甲。"
>
> ——荷马,《伊利亚特》,第十三卷

在战场上,掠夺死者的物品是要冒风险的,特别是掠夺一个有声望敌人的战利品。但是,从伊多梅纽斯这个例子中我们可以看到,掠夺死者装备更实际的原因是为了在战斗中重新使用这些装备。

荷马细致入微地描写了战士们的武器,从他对帕特洛克罗斯穿戴盔甲的描述中可见一斑。荷马对武器最有代表性的描述是在《伊利亚特》第十八卷中,他对火神赫菲斯托斯(Hephaestus)给阿喀琉斯制作的珍贵而复杂的盾牌做了十分细致的描述。精美的盔

> 扒光尸体上的装备不仅是《伊利亚特》中的战士们公认的做法,甚至国王和统帅也认可此种做法。

> 奥德修斯和狄俄墨得斯抓住了运气欠佳的多隆(Dolon),为了得到多隆的消息,他们两人承诺将阿喀琉斯的战马给多隆。

甲不仅是战场上的必需品，它也能让人威风凛凛。对那些只用最基本的武器和盔甲作战的无名士兵来说尤其如此。从一个英雄战士那里掠夺到金属武器，不仅可以增加他活命的机会，而且这个武器可能十分昂贵，甚至可以当遗产留给后代。涅斯托耳讲述了吕枯耳戈斯（Lycurgus）国王的故事。吕枯耳戈斯夺走了他的敌人阿瑞托俄斯（Areithous）国王的盔甲，自己一直穿着它作战直到老得不能再战斗了，之后把它传给了自己的家臣厄柔塔利翁（Ereuthalion），对方穿着这件盔甲向敌人阵营中处在最前线的士兵们发起了挑战。

吕枯耳戈斯是色雷斯（Thrace）神话中的一位国王，他夺走了敌人阿瑞托俄斯国王的盔甲，并将它穿戴在自己身上。

作战时值黄昏降临，战场平静下来后，尸体上的种种物品会被夺走。死者在士兵和奸商面前任其凌辱，正如《伊利亚特》不断提醒我们，他们是野狗和所有鸟类的猎物。

涅斯托耳让我们想起了重返战场从尸体上取走种种武器装备的做法。他警告他的部下杀完人不要停下来抢劫，这样就没精力再继续杀敌了。涅斯托耳对着阿尔戈斯人喊道："我的朋友们，达南人中的勇士们，玛尔斯（Mars）的效忠者，不要留下活人，他们会掠夺死者的东西，他们将许多战利品带回他们的船上，我们要多杀戮，杀死的人先撂在平原上，战争结束后再回来搜刮他们。"因此，在《伊利亚特》的后半部分，希腊人奥德修斯和狄俄墨得斯在执行监视特洛伊营地的秘密任务时，遇到了特洛伊的间谍多隆，他们误把多隆当成拾取死人物品的奸商就显得并不奇怪了。

多隆是一个悲剧人物。他虽然很普通，但行走如飞，因此被赫克托耳看中，派他去监视海滩上希腊人的营地。他穿着狼皮，戴着雪貂皮帽子，肩上挂着一张弓，他让赫克托耳承诺一辆青铜战车和阿喀琉斯本人最好的两匹马作为奖励。这是一份能从希腊人那里得到的诱人奖赏。然而，荷马告诉我们，赫克托耳的承诺是虚假的。多隆正穿过死人堆向希腊人的船只走去时，被奥德修斯和狄俄墨得斯发现并追上来，他们用长矛向多隆的肩膀掷去，迫使他停了下来。多隆开始哭泣，他提出用赎金来换他的命："活捉我吧，我可以赎回自己；我有大量的黄金、青铜和锻铁，我父亲会给出巨额的赎金来满足你们。"

青铜时代的暴行

在青铜时代，迈锡尼并不是唯一一个在战争时期对人民犯下残忍暴行的"超级大国"。埃及人、亚述人和赫梯人都曾有过如此行为。埃及人的古文化博大精深。然而，埃及卡纳克神庙（Karnak）多柱式墙壁上的象形文字记载，法老塞提一世（Seti I）喜欢作战，鲜血会让他感到满足，他砍下叛徒的头，他享受战斗的一小时胜过欢愉的一天。塞提一世能一口气杀死敌人，他不放过任何一个敌人的肢体，凡是从他的队伍中逃脱的都被活捉带到了埃及。

塞提一世并不是唯一一个喜欢暴力的国王。法老麦伦普塔赫（Merneptah）在利比亚（Libya）屠杀了六千名敌人后，割下了敌人的手和阴茎，以此来证明他打败了多少人。

亚述人的暴力广为人知，令人恐怖。青铜时代晚期，亚述国王萨尔玛那萨尔一世（Shalmaneser I）吹嘘说，他征服并掠夺了不止五十一个敌方城市，奴役了他们的人民，弄瞎了一万四千四百多名敌方囚犯的一只眼睛。亚述城墙的浮雕上

埃及法老塞提一世装备好武器，准备打仗。

描绘的战斗场面不同程度地展示了城墙外的酷刑场面，如刺杀和大规模砍头。

据称，赫梯也是最早开始使用"细菌战"的国家，他们将受感染的羊群引入敌方城市来实现感染敌人的目的。他们只需将羊留在城墙外，当地人认领这些羊后，吃了这些羊就会受到病菌感染。他们感染的是土拉菌病，这是一种可以从动物传给人类的细菌性疾病，如果不使用抗生素治疗，就会导致呼吸衰竭从而死亡。如此看来，在青铜时代的战争中，为了取胜都不择手段。

萨尔玛那萨尔一世将阿林努（Arinnu）堡垒夷为平地后，倾倒此堡垒的尘土。

奥德修斯向多隆保证不会杀他,并问他是来搜刮死人身上的东西,还是赫克托耳派来打探消息的。多隆口无遮拦地讲出了赫克托耳的命令和最后给他的奖励。奥德修斯回答道,除了阿喀琉斯,没人能驾驭他的马匹。然后,他问赫克托耳的马匹和盔甲在哪里。多隆再次将他们特洛伊营地的详细情况和盘托出,并告诉了他们瑞索斯(Rhesus)国王的上好马匹和黄金战车。这些诱人的战利品引起了奥德修斯和狄俄墨得斯的兴趣。

然而,这只是一个骗局,希腊人不会让多隆苟活的。狄俄墨得斯刺中了他的脖子,割断了他的两根脖筋,他张着嘴的头滚落到了尘土中。奥德修斯和狄俄墨得斯穿过当天战斗中掉落的盔甲和斑斑血迹向瑞索斯和他的手下走去,将还在睡梦中的他们统统杀死了。奥德修斯随后跳上了瑞索斯的一匹马,而狄俄墨得斯则在想是拿走瑞索斯的盔甲还是驾走他的战车。最终,还是雅典娜亲自告诫狄俄墨得斯得马上离开,于是两人骑马回到了希腊营地。

洗劫特洛伊城时,墨涅拉奥斯冲向海伦,海伦赶紧安抚他。

荷马用一种野蛮的笔触来描写奥德修斯和狄俄墨得斯的这场杀戮。对希腊人来说，为了胜利和掠夺，他们可以使用任何手段，甚至包括屠杀熟睡的士兵。相比之下，赫克托耳更愿意在遵守英雄准则下光荣战斗，比如在与相同社会地位的战士之间进行激战和骑士般的决斗。在《伊利亚特》中，主要展现了希腊人对特洛伊人犯下的残忍暴行。

希腊人认为胜利比战利品、女人或大量奖励的承诺更重要。在《伊利亚特》第六卷中，希腊人为了占据战争优势，不顾一切地杀戮。一些战败之敌愿意缴纳大笔赎金以求放过，但遭到了希腊人的拒绝。墨涅拉奥斯和特洛伊人阿德瑞斯托斯（Adrestus）之间的这段对话向我们展示了当时的情况：

阿德瑞斯托斯滚到了战车车轮旁，他脸朝下，紧贴着泥土。墨涅拉奥斯手持长矛走过来，阿德瑞斯托斯一把抱住他的膝盖，乞求道："让我活着吧，阿特柔斯之子，你能得到足够的赎金，我父亲很富有，家里财宝堆积如山，有金子、铜和锻铁。"阿德瑞斯托斯如此哀求，墨涅拉奥斯本打算让步，让侍从带他去阿开奥斯人的船上。但阿伽门农跑过来，斥责他道："我的兄弟，现在不是心软的时候。特洛伊人有这样好好对待你的家人吗？别放过任何一个人，连在母亲腹中未出生的孩子也别放过。让他们都死绝，无声无息地灭亡，被世人遗忘吧。"阿伽门农的话有理有据，说服了墨涅拉奥斯。于是，他刺向阿德瑞斯托斯，阿伽门农也从侧面刺向阿德瑞斯托斯。阿德瑞斯托斯倒下了，墨涅拉奥斯接着踩在他的胸口上，把长矛从他身上拔了出来。

——荷马，《伊利亚特》，第六卷

荷马很少直言他的观点，但在此番场合中，他认为阿伽门农的残暴行为是合理的，不打仗就无法夺取特洛伊，没有杀戮的战争发挥不了作用。

然而，即使荷马笔下的青铜时代有着残忍的暴行，但战争中也有正误之分。战争中会有屠杀，死亡往往是悲剧性的。在一战诗人威尔弗雷德·欧文（Wilfred Owen）出现之前的远古时期，荷马就似乎已经在描述"战争令人痛惜之处"。

荷马也认识到，愤怒有时会使一个伟大的战士变得可怕邪恶，希腊最伟大战士阿喀琉斯的愤怒带来的后果尤为严重。

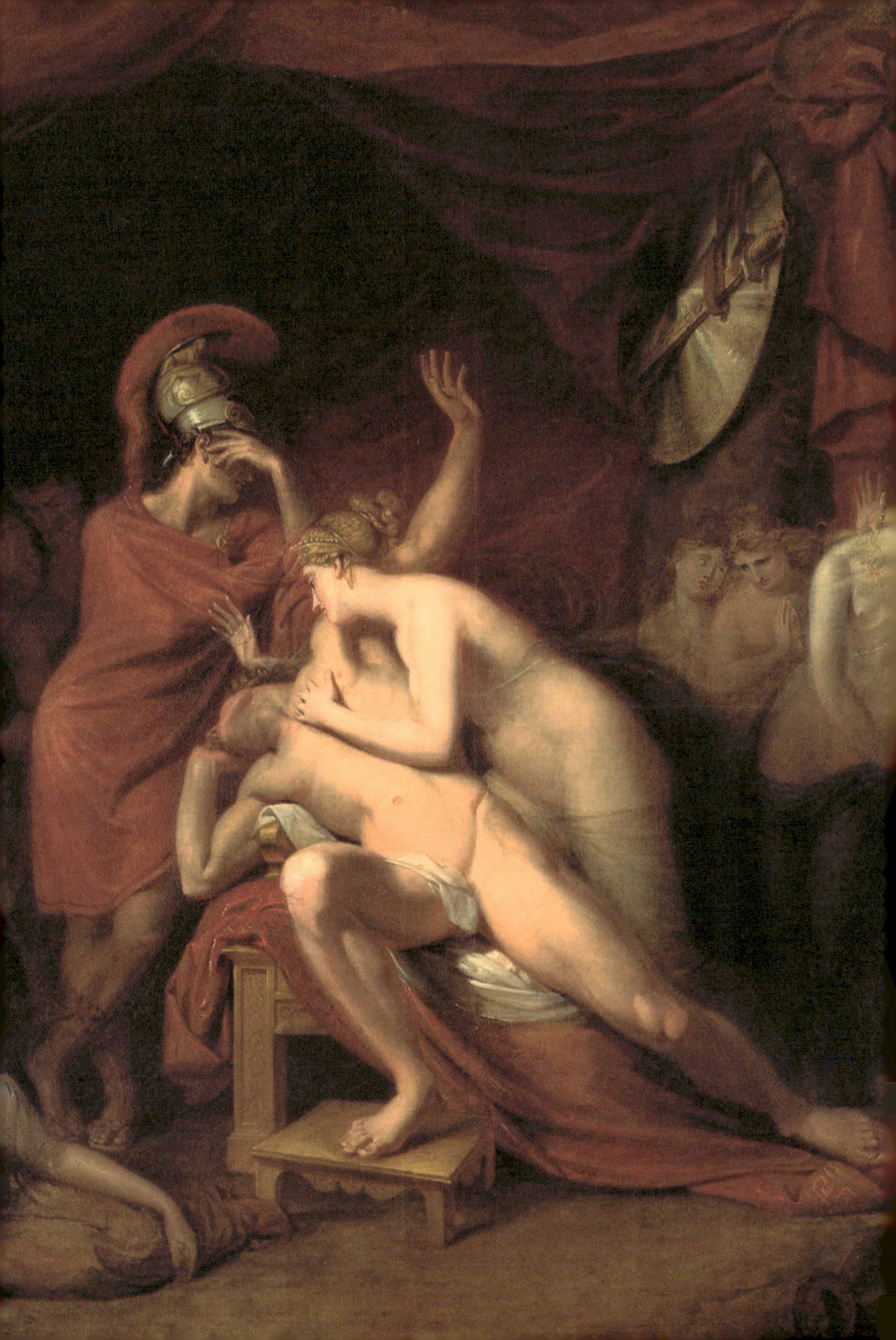

第五章　帕特洛克罗斯之死

得知帕特洛克罗斯的死讯后，阿喀琉斯悲痛欲绝。他扑向帕特洛克罗斯的尸体号啕大哭，他多想自己从未出现在这个是世界上，多想立刻死掉。许多人认为，阿喀琉斯的悲伤更像是为情人，而不是为战友。

帕特洛克罗斯之死促使阿喀琉斯重返战场，最后结束了特洛伊战争。

帕特洛克罗斯试图翻越特洛伊城墙，但遭到了阿波罗的阻止。

阿喀琉斯和帕特洛克罗斯是不是同性恋这一问题一直存在较大争议。古希腊有悠久的男同性恋传统，许多城邦和军队都存在娈童现象——男孩和成年人之间的性关系。有人认为，古人根本没有质疑这种关系，所以两人当然是同性恋，否则为什么阿喀琉斯对帕特洛克罗斯的死如此悲痛？与此同时，也有人认为，阿喀琉斯是为亲密战友悲伤，只有在战争中才能产生如此深厚的兄弟情谊。

《伊利亚特》毕竟是一首关于战争英雄和战场生活的诗，它向我们讲述了并肩作战的战友情谊以及失去亲密伙伴后难以忍受的痛苦。对阿喀琉斯来说，这位亲密伙伴就是被赫克托耳杀死的帕特洛克罗斯。为了统领希腊士兵，帕特洛克罗斯穿着阿喀琉斯的盔甲走上战场，赫克托耳误以为他就是阿喀琉斯，于是便杀了他。直到他死后，人们才知道真实的情况。阿喀琉斯允许帕特洛克罗斯穿着他的盔甲去作战，但条件是他把特洛伊人从希腊战舰上赶走后就立刻回来。然而，帕特洛克罗斯被傲慢和愚蠢冲昏了头脑，把特洛伊人从战舰上赶走后，他继续战斗，还把特洛伊人赶回了他们的城市，并在城门口攻击特洛伊人。

在城门口，帕特洛克罗斯曾经三次尝试爬上倾斜的城墙，但他并未成功闯入特洛伊城，成为一个永垂不朽的勇士。相反，他受到了特洛伊守护者阿波罗的警告："退下吧，高贵的帕特洛克罗斯，你没那个命来洗劫特洛伊城，比你强很多的阿喀琉斯也没这个命。"

在帕特洛克罗斯的头盔被打掉之前，阿波罗允许帕特洛克罗斯最后再杀一个人，即杀掉赫克托耳的战车手。之后，阿波罗打掉了帕特洛克罗斯的盾牌，解开了他护甲的扣子。帕特洛克罗斯昏昏沉沉，不堪一击，被赫克托耳用长矛刺穿了腹部，然后赫克托耳对着奄奄一息的他吹嘘道：

帕特洛克罗斯，你认为自己该洗劫我的城市，剥夺我们特洛伊妇女的自由，用船把她们带回到你们的国家，真愚蠢。我和我的马队一直在竭力保卫他们，我是特洛伊最英勇的战士，保护我们的妇女们免受奴役，而你会被秃鹰在这里啄食。可怜的人，勇敢的阿喀琉斯什么也帮不上你。但我想你离开他时，他严厉地嘱咐你说："帕特洛克罗斯骑士，把凶残的赫克托耳身上沾满血迹的衬衫撕掉再回船上来，而你愚蠢地应允了他。"

——荷马，《伊利亚特》，第十六卷

随后一场野蛮的战斗爆发了，特洛伊人和希腊人像鬣狗一样争夺帕特洛克罗

赫克托耳杀死了帕特洛克罗斯，一场关于他尸体的争夺战开始了。

斯的尸体。赫克托耳试图将尸体拖回特洛伊，尸体被双方撕扯。一旦尸体到了特洛伊，赫克托耳就会砍下帕特洛克罗斯的头，把它插在城墙顶的木桩上。他要把剩下的无头尸体喂给特洛伊的狗。但赫克托耳没能得逞，墨涅拉奥斯大步走向前，他站在帕特洛克罗斯的尸体旁加以保护，赫克托耳只能夺走帕特洛克罗斯的盔甲来满足自己的虚荣心。

  这场杀戮沉重打击了希腊人，甚至连阿喀琉斯的那匹马都震惊地站在战场之外。墨涅拉奥斯和墨里奥涅斯将帕特洛克罗斯的尸体举过头顶，走了一小段距离。

看到这一幕，特洛伊人大喊大叫，像猎犬攻击受伤的野猪一样扑向他们。不过，墨涅拉奥斯设法驱走了特洛伊人。争夺帕特洛克罗斯尸体的斗争仍在继续。

与此同时，阿喀琉斯的副官安提罗科斯（Antilochus）将这个可怕的消息告诉了阿喀琉斯。阿喀琉斯听后，悲伤倾泻而出。他从地上抓起尘土，抹在自己的头上和脸上。他扑倒在地，撕扯着自己的头发，手下的女奴们大喊大叫，悲伤地拍打着自己的胸脯。阿喀琉斯的母亲海洋女神忒提丝听到了他的哭声后迅速赶来，阿喀琉斯告诉了忒提丝所发生的一切：

我亲爱的战友帕特洛克罗斯倒下了，他是我最看重的人，我像珍视自己的生命一样珍视他。我失去了他……除非赫克托耳倒在我的长矛下，为杀死他付出代价，否则我不会活着，也不会和人类走动。我无法拯救我的兄弟，我想立刻死在这里。他死在了远离故土的远方，他需要我的时候我却不在，不能帮助他。我有什么用呢？阿伽门农也激怒了我。但就这样吧，已经过去了；我会强迫自己接受，我必须这样做；我要走了，我要去找赫克托耳，他杀死了我深爱着的人。我会接受宙斯和其他神灵对我命运的安排……在此之前，我会赢得名声，让特洛伊和达达尼亚（Dardanian）的女人在撕心裂肺中擦拭她们脸颊上的泪水；这样她们就会知道，长期保持冷漠的人将不再冷漠。所以，母亲你爱我就不要阻止我，不要让我改变主意。

——荷马，《伊利亚特》，第十八卷

阿喀琉斯向他母亲哀叹之时，战场上争夺帕特洛克罗斯尸体的斗争仍在继续。在得到信使伊里斯（Iris）女神的提醒后，阿喀琉斯站起来，发出三声巨大的怒吼，这怒吼声像吹响了警报的号角。听到他的吼声后，特洛伊人惊恐地撤退了，希腊人终于取回了帕特洛克罗斯的尸体。这是特洛伊战争中的伟大转折点，阿喀琉斯将重返战场，他心中的悲愤将给特洛伊城带来灭顶之灾。

西方人将"menis"翻译为"狂暴、愤怒或暴怒"，这既是荷马史诗的开篇，又是其重要主题。这个希腊词汇先是诱使阿喀琉斯与阿伽门农因布里塞伊斯而争执翻脸，后又用帕特洛克罗斯之死将阿喀琉斯整个吞噬。愤怒让阿喀琉斯变得冷酷无情、邪恶万分；愤怒笼罩着他时，他不会对任何人有怜悯之心。

帕特洛克罗斯死后，墨涅拉奥斯大步走向前去保护他的尸体，不让赫克托耳带走。

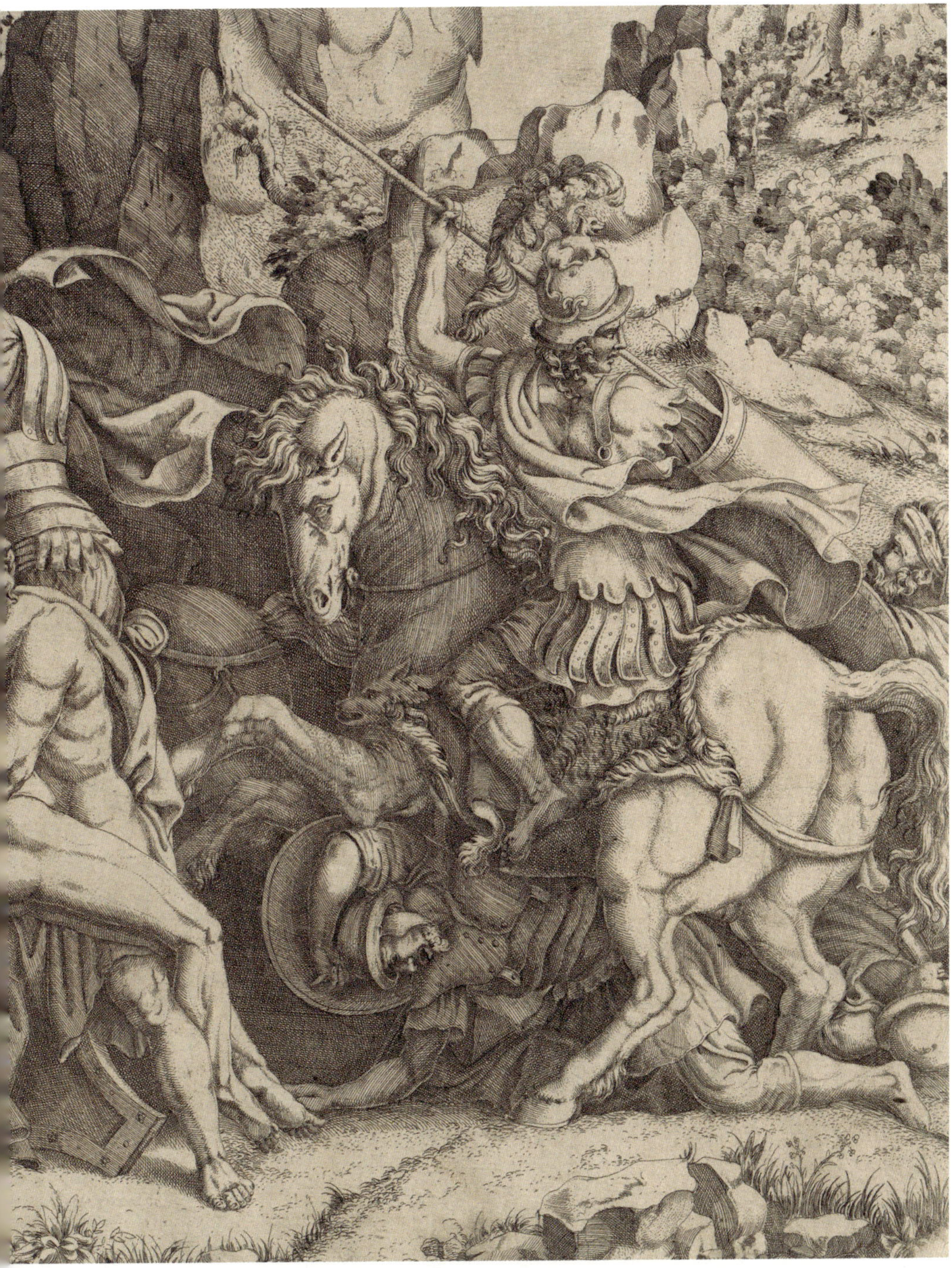

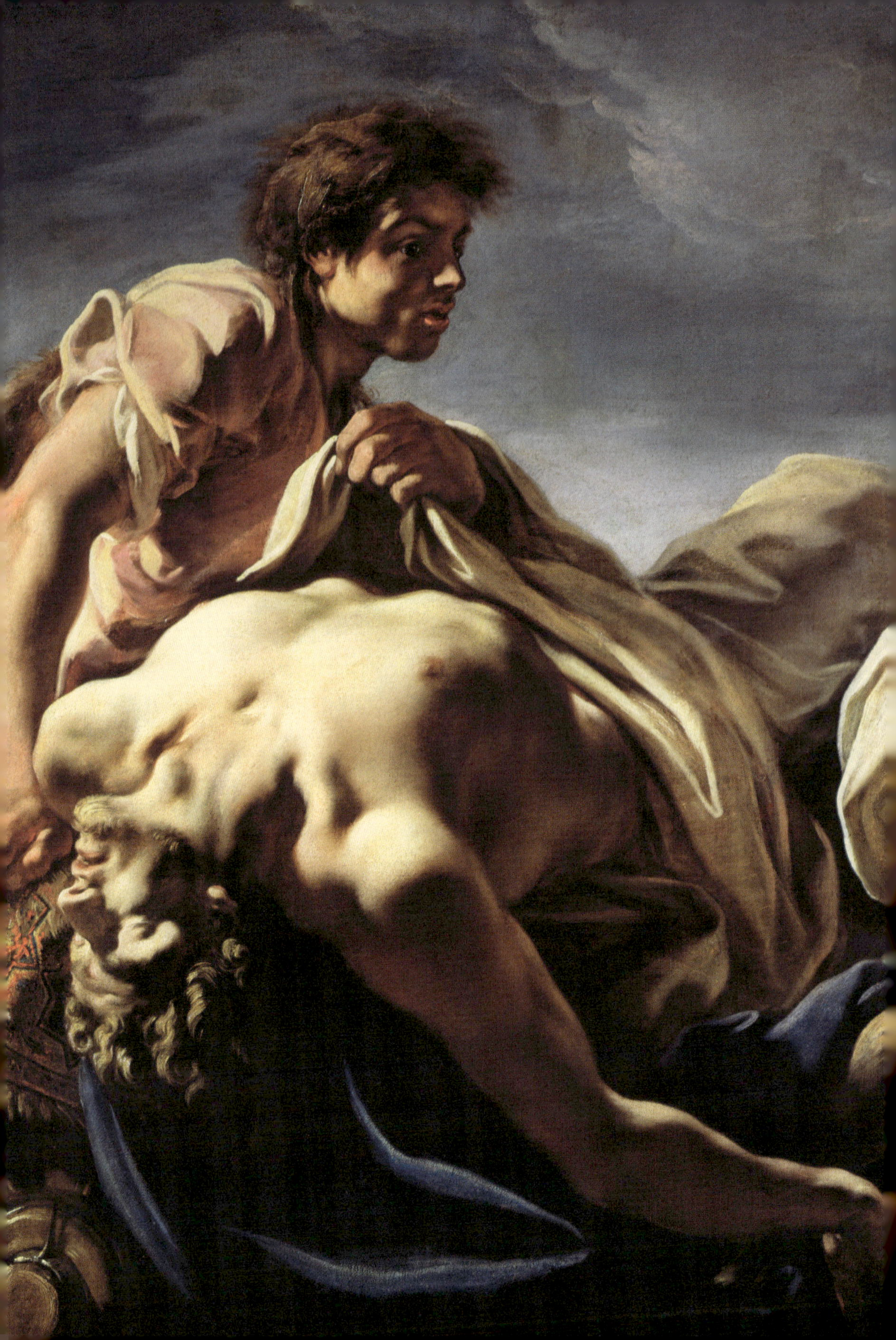

阿喀琉斯见到了帕特洛克罗斯的尸体。母亲忒提丝迅速赶来安慰他。

阿喀琉斯的盔甲

据说,阿喀琉斯借给帕特洛克罗斯的盔甲可以让任何穿上它的人战无不胜,所以阿波罗在帕特洛克罗斯被杀之前打掉了他身上的盔甲。盔甲对阿喀琉斯来说不可或缺,它帮助他在战场上赢得胜利,但也导致了帕特洛克罗斯的被害。没有它,阿喀琉斯无法战斗。因此,阿喀琉斯向母亲忒提丝请求,而母亲又含泪恳求赫菲斯托斯。作为铁匠、工匠和冶金之神的赫菲斯托斯,他能否为阿喀琉斯制作一套能保护他的神奇盔甲呢?

赫菲斯托斯温柔地告诉忒提丝,他很想将阿喀琉斯藏起来,以便在阿喀琉斯死亡时刻到来时,能够躲过死神的眼睛,但这是不可能的。于是,他承诺制作一套能够惊煞世人的盔甲。赫菲斯托斯立即将二十个风箱转向火堆,将铜、锡、银和金扔到火堆上。他一手拿着锤子,一手拿着钳子,开始为阿喀琉斯制作盾牌。《伊利亚特》对这面盾牌的描述很长,也很精彩。该盾牌由五个重叠的金属褶皱组成,是有史以来最精致、最珍贵的盾牌。盾面上的图案是一个和平和一个饱受战争蹂躏的城邦,两者形成了鲜明对比。

盾面上有天空、海洋、太阳、其他星体、两座城邦(其中一座受到了围困)、正在被耕种的田地、一幕丰收的场景、葡萄园里正在被采摘的葡萄、被狮子袭击的牛、养羊场、跳舞的人们以及浩瀚的海洋。完成后,赫菲斯托斯就去继续制作其他的盔甲:

他把盾牌造得又大又坚固,又造了一件似火般耀眼的胸甲。他做的头盔紧贴眉心,做工精细,上面有金色的翎毛;他还使用打锡技艺制作了腰带。

——荷马,《伊利亚特》,第十八卷

忒提丝正在仔细检查赫菲斯托斯为阿喀琉斯制作的武器。

忒提丝向阿喀琉斯展示赫菲斯托斯为他制作的盔甲。

无情的阿喀琉斯

阿喀琉斯穿上忒提丝带来的新盔甲后就准备上战场了。他的盔甲鲜艳耀眼，令其他希腊人都侧目而视。然而，阿喀琉斯越看这套盔甲越愤怒。他将手下召集起来，在阿伽门农和众人面前发表了演讲。现在，一切回到了故事的原点，但这也是结束特洛伊战争的起点。

阿喀琉斯的演讲唤醒了希腊人，他说再次与特洛伊人交战，将平息自己的愤怒。不过，他并没有平息自己的怒火，而是将愤怒转移到对赫克托耳和特洛伊城的破坏上。因此，阿喀琉斯在战场上愤怒地大肆屠杀："阿喀琉斯愤怒至极，他像神一样挥舞着长矛，追赶那些他要杀死的人，直到黑色的大地流淌着鲜血。"

《伊利亚特》第二十卷记录了一长串的屠杀事件：阿喀琉斯用长矛击穿了安忒诺耳（Antenor）的头盔，脑浆迸裂；他同样击中了希波达玛斯（Hippodamas）的腹部，使对方像一头被屠宰的公牛般惨叫；他刺中了普里阿摩斯之子波吕多洛斯（Polydorus）的背部，使其内脏爆裂出来；他刺进穆利俄斯（Mulius）的一只耳朵，从另一只耳朵里刺出；他切断了丢卡利翁（Deucalion）前臂的肌腱，砍掉了对手的头，对手倒地时，骨髓都渗了出来……

阿喀琉斯连续杀死了二十三个特洛伊人，他的战车车轴上溅满了血，他的双手也沾满了血。紧接着，他分两队攻打特洛伊士兵，将其中一队追到河边，困住了他们。在河水中，他继续杀戮如困兽般犹斗的特洛伊人，只在留下十二条性命以便作为帕特洛克罗斯火葬祭品时才停下手来。阿喀琉斯把这些祭品像猎杀的小鹿一样拉出来，用他们自己衣衫上的腰带将其背捆双手，之后交给手下带回船上。然后他跳进河里，想要继续杀戮。

这时，阿喀琉斯又遇到了普里阿摩斯的儿子吕卡翁，他曾经缴纳赎金后被释放。现在他又落到了阿喀琉斯手中，不禁再次发出恳求：

"阿喀琉斯，行行好，饶了我吧，我恳求你。你把我囚禁在葡萄园的那天，我是第一次在你的帐篷里进餐；之后你把我卖到利姆诺斯岛，让我远离我的父亲和朋友，我给你带来了能买一百头牛的钱财。为了获得自由，我已经付出了三倍的赎金……神王宙斯一定恨我，所以才让我再次沦落到你手中……听我一言，饶了我吧，我和杀死你勇敢而高贵的战友的赫克托耳不是同一个母亲所生。"吕卡翁这样恳求

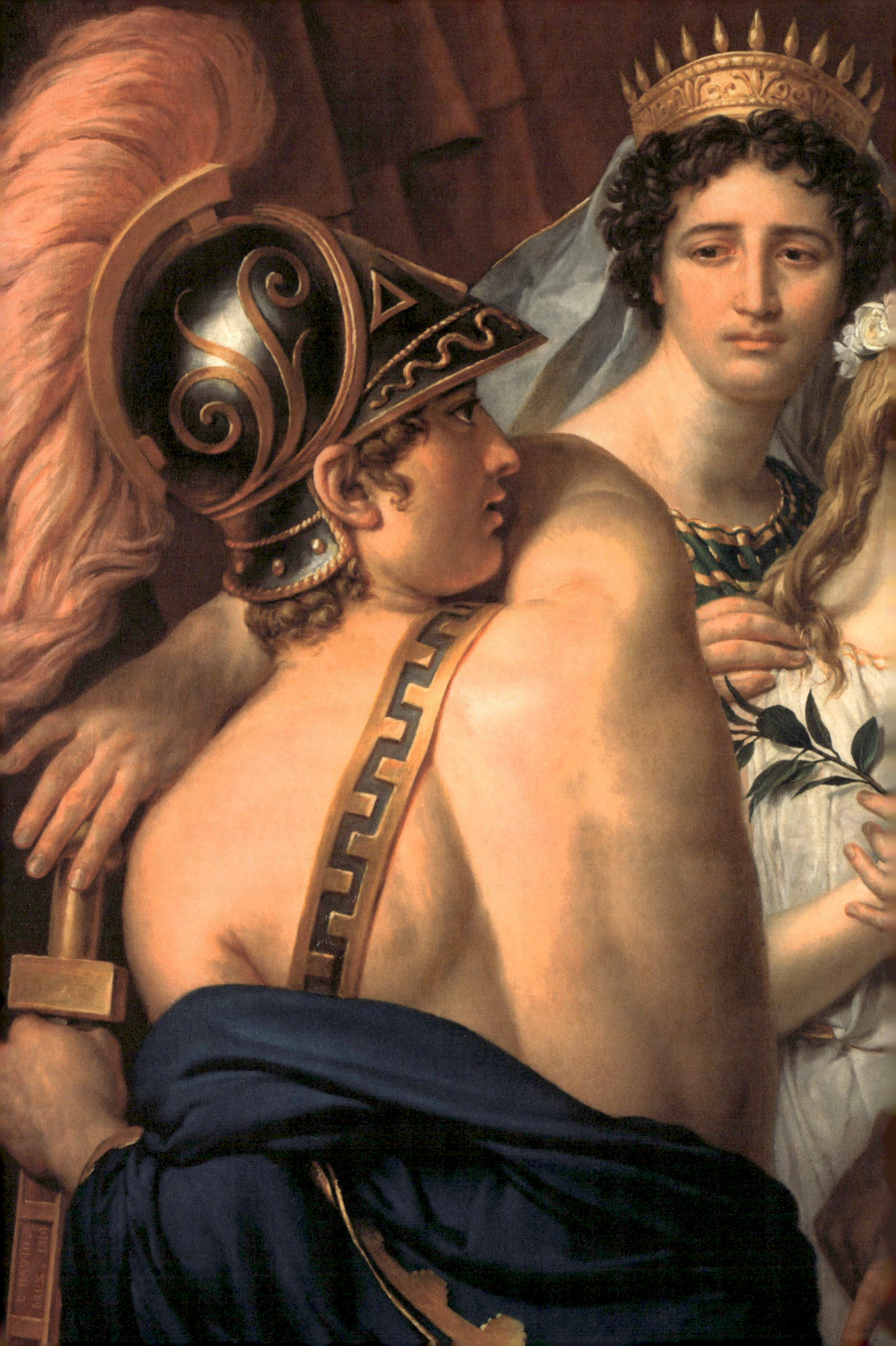

阿伽门农告诉阿喀琉斯，他要在希腊船队启程前往特洛伊前，将自己的女儿伊菲阿那萨（Iphianassa）作为祭品献祭。

阿喀琉斯，但阿喀琉斯冷冷答道："白痴，不要再跟我谈赎金。帕特洛克罗斯没死之前，我愿意同情一下特洛伊人，把许多我活捉的人卖到海外去，但现在，在伊利昂城前，这些上天交到我手中的人没有一个能活下去，而在所有特洛伊人中，普里阿摩斯的儿子们更别想逃。所以，你也要死。你为什么要这样哭哭啼啼呢？帕特洛克罗斯是个比你更杰出的人，他都死去了。我也是个比你更伟大的人，你没看见我何等杰出英勇吗？我父亲是个贵族，母亲是一位女神，但厄运和死亡同样会降临到我身上。我死亡的那天终会到来，或在黎明，或在黑夜，或在正午，有人会在战场上取走我的性命，或用长矛，或用弓箭。"听他这样说，吕卡翁的心沉了下去，张开双手，松开了长矛。阿喀琉斯拔出锋利的双刃剑，一刺到底，击中了他的颈部。吕卡翁猝然倒地，四肢伸展，黑血横流，浸透大地。阿喀琉斯抓住他的脚，把他扔进河里，任其顺流而下。阿喀琉斯还得意地说道："躺在鱼群中吧，它们会高兴地舔你伤口上的血；你的母亲不能把你放在棺材里为你哀悼，但斯卡曼德河的漩涡会把你带到大海的广阔怀抱中。"

——荷马，《伊利亚特》，第二十一卷

> 阿喀琉斯拔出锋利的双刃剑，一刺到底，击中了他的颈部。吕卡翁猝然倒地，四肢伸展，黑血横流，浸透大地。

此金属板块上描绘了阿喀琉斯身穿耀眼的盔甲登上战车的画面。

第五章　帕特洛克罗斯之死　141

帕特洛克罗斯死后，阿喀琉斯不再有同情之心，他杀了吕卡翁。

阿喀琉斯和帕特洛克罗斯

杀死吕卡翁这件事足以证明悲伤和愤怒能让一个战士变成无情的屠夫。吕卡翁并不是阿喀琉斯唯一一个曾经放过的战士,正如他自己所说:"在帕特洛克罗斯死之前,我愿意同情一下特洛伊人。"但现在阿喀琉斯已经放弃了骑士精神,在杀死赫克托耳之前,他不会停止杀戮。

亨利·富塞利(Henry Fuseli)的这幅画中,阿喀琉斯伸手去抓帕特洛克罗斯的魂魄。

第五章 帕特洛克罗斯之死 143

毫无疑问，阿喀琉斯的疯狂杀戮是因为他心爱的帕特洛克罗斯。那么帕特洛克罗斯是阿喀琉斯的什么人呢？他们之间是什么关系呢？他们只是亲密的战友吗？还是阿喀琉斯为被杀害的爱人而感到悲痛和愤怒呢？

《伊利亚特》中的一些篇幅表明，阿喀琉斯和帕特洛克罗斯之间的关系比战场上的要好战友更加亲密。阿喀琉斯和他母亲忒提丝的谈话有力地证明了这一点——阿喀琉斯向他母亲袒露心声，说他最珍爱的帕特洛克罗斯被杀害了。忒提丝将新盔甲拿给阿喀琉斯时，她发现"他倒在帕特洛克罗斯的尸体旁，痛苦地哭泣着"。这句话很有说服力，因为除此之外，在荷马的诗篇中，都是女人为男人哭泣悲伤。比如女奴布里塞伊斯看到帕特洛克罗斯千疮百孔的尸体时，她扑上去，大声地哭泣着。

后来，忒提丝问阿喀琉斯："我的孩子，你要一直沉溺在悲伤痛苦中，不睡不吃了吗？和女人交欢能让你宽慰一些的。"忒提丝明确建议阿喀琉斯与一个女人睡觉，可能也说明了阿喀琉斯曾与男人有过性关系。不过，这里并没有暗含批评之意，也有可能是提

雅典双耳喷口杯上绘有战士们在特洛伊作战的画面。

醒阿喀琉斯该成家娶妻了。

事实上，一部分娈童风俗中，同性恋只是一个过渡阶段，它会在某个年龄段随着婚姻和家庭生活的开始而结束。一些学者认为，古希腊的娈童现象在古风时期（前8世纪—前5世纪初）就出现了，它可能起源于克里特岛。到了公元前5世纪，它已经成为许多希腊城邦的公认习俗。娈童是指一个年长的男人（称为爱者）和一个年轻的男人（称为被爱者）之间的性关系。爱者通常是一个十八岁以上的单身男子，他会向他选择的被爱者求爱，后者的年龄通常在十二至十八岁之间。

人们认为，被爱者通过这种方式成为一个成年人，这是对男性成年的启蒙。十八至二十岁左右，当被爱者自己成为一个男人后，他将重新开启自己的生活。他将寻找一个属于自己的被爱者，在随后的关系中成为爱者。到了三十岁时，一个男人会完全放弃同性恋行为，转而与女人结婚。

在克里特岛，爱者和被爱者之间会有一种仪式性的外出，在此期间，他们将骑马到乡下打猎、宴请并在野外生活几个月。之后，被爱者会被授予军装和其他礼物，并正式宣布成为男人。

在古典时代的雅典，娈童现象不仅为人们所接受，而且有时是年轻人社会教育的一个重要方面。然而，为了使之有效，爱者对被爱者的意图必须是天授的而不是出于普通的爱。爱者每次应只选择一个至少是青春期或更大年龄的被爱者，以确保被爱者比较理性。爱者必须认真且坚定地追求他选择的被爱者以表明他高尚的意图。一些不光彩的爱者会同时追求几个男孩，他们不在乎被爱者的年龄，而是更感兴趣与被爱者交往。

希腊古典时期的科林斯式青铜头盔。

如果以上是高尚和不高尚的爱者的做法，那么一个高尚的被爱者是什么样的呢？首先，被爱者可以拒绝求爱，他们会表现得固执且难以追求。被爱者在选择爱者时会有所筛选，他们会挑选社会地位高的爱者，以使他们获得社会和物质上的帮助，比如能获得男人圈子里重要的人际资源、昂贵礼物。不过，金钱往来是不允许的，因为这会使被爱者成为像妓女一样的角色。

在古希腊，男性卖淫是可以被接受的，特别是在雅典，但卖淫的自由人会被认为对公民生活构成了风险，他们被禁止从事任何公务。人们认为，如果一个男人

在古典时代的雅典，娈童现象不仅为人们所接受，而且有时是年轻人社会教育的一个重要方面。

古典时期作家普鲁塔克认为同性恋关系能给共同作战的战士带来益处。

会为享乐而出卖自己的身体，那么他也会因为合适的价格出卖自己的群体。

在雅典，三十岁以上的男人禁止作为被爱者，因为这是不正常的，如果被抓到可能会被剥夺公民权。

因此，军队中的同性恋不得有这种行为。士兵们通常都在二十岁以上，由于年龄太大，不能成为被爱者，他们只能在军队之外寻找合适的爱者。

然而，这种规则仅限于古典时代的雅典。有确凿的证据表明，在希腊古风和古典时期，某些希腊城邦的军队中将同性恋行为制度化。在迈锡尼战士中，同性

战争中的战友情谊

《伊利亚特》中有许多关于战斗中战友情谊的例子。希腊和特洛伊阵营的战士们都认为他们有义务保护自己的战友，在敌方人多势众时出手帮助战友，在战友受伤时帮助他们离开战场。当战友倒下时，他们也会为战友报仇。我们从帕特洛克罗斯的尸体争夺战中可以看到，死者的尸体也需要受到保护，比如特洛伊人阿卡玛斯看到普罗玛科斯要把他死去的兄弟阿耳刻罗科斯（Archelochus）的尸体拖走，就用长矛刺死了对方，将他踩在脚下。之后阿卡玛斯嘲弄希腊人说道："希腊的弓箭手们，你们这些狂妄自大的人，不应该只让我们特洛伊人尝到辛劳和痛苦……普罗玛科斯倒在了我的矛下，看他死去长眠的样子，我及时为我的兄弟报了仇。一个人死后，能有一个亲人来为他报仇，他应该会感激不尽。"

还有一种看法是在战斗中，每个人都能为保护整个军队贡献力量。赫克托耳不仅是特洛伊城的保护者，也是他战友的保护者。即使赫克托耳知道一切都要完了，命运改变了，但他仍然坚守在战场上，努力保护他的战友。

帕特洛克罗斯倒下后，阿喀琉斯因未能在战场上保护战友而备感内疚："我没能拯救帕特洛克罗斯，也没能拯救其他战友，他们中的许多人都被强大的赫克托耳杀死了。我干坐在船边，一点儿用没有。尽管在政事上，我稍逊一筹，但论作战，阿开奥斯人中无人能与我匹敌。"

现在，阿喀琉斯在悲痛之余，开始重拾理智，解决问题。

恋的规则比较模糊，但后期希腊常见的态度也许可以让我们对更遥远的过去有一些认知。

普鲁塔克等古典时期的作家普遍认可军队中的同性恋现象。希腊哲学家色诺芬（Xenophon）写道，一些斯巴达人不喜欢同性恋人组成的军队，因为这意味着战斗队伍是由互有吸引力的双方组成的，而并非战斗力出色的人组成。色诺芬不屑地说，城邦的军中恋人关系只建立在肉体上，他们甚至没有时间交谈。但他提到在斯巴达军队中也有同性恋者。

军队优势

希腊作家普鲁塔克认为古希腊底比斯圣军中同性恋的存在有很多益处。底比斯圣军是一支训练有素的队伍，由一百五十对男同性恋人组成，它因战斗人员的英勇表现而闻名。底比斯圣军与禁止同龄男性之间发生同性恋关系的娈童制度形成鲜明对比，普鲁塔克的看法很有说服力，他说：

底比斯圣军最初是由高吉达斯（Gorgidas）组建，由三百名被选中的人组成，城市为他们提供训练场地和日常用品，他们在被称为卡德米亚（Cadmeia）的山上城堡扎营。因此，他们被称为城市队伍，因为当时的城堡被称为城市。但有人说，这支队伍是由爱者和被爱者组成的。帕曼尼斯（Pammenes）的一段趣话说荷马笔下的涅斯托耳并不是一个战术家，他应该按情人而不是按宗族和部落组成队伍，因为部落和宗族的人在遇到危险时，很少考虑对方。而由一对对情人组成的队伍是难以分割开的，情人中的任何一方都羞于做一个懦夫，所以双方在危险中会坚守和保护对方。这也不是什么奇怪的事，因为即使自己的情人不在身边，他们也会关心考虑对方，就像佩洛庇达斯（Pelopidas）一样，他的敌人要在他躺下的地方杀死他，他恳求敌人用剑刺穿他的胸膛，"以便我的爱人不必在看到我背后有伤口的身体时感到脸红"。

——普鲁塔克《佩洛庇达斯》

色诺芬憎恶建立在肉体欲望之上的同性恋关系，半传奇式的斯巴达立法者来库古（Lycurgus）很认同他的看法。来库古向斯巴达公民灌输了平等、锻炼和节俭的美德。来库古制度规定斯巴达的男孩要与母亲分开，在战争中长大，这能使斯巴达的军队具有强大的战斗力。

根据普鲁塔克的说法，当斯巴达男孩在十二岁开始训练时，他们会有同时追求年轻和年长成年男子的兴趣。这说明，在斯巴达，娈童现象对男性爱者的年龄没有上限，普鲁塔克提到过斯巴达一个二十五岁的男性爱者。

色诺芬举的一个例子再次说明了斯巴达对爱者没有年龄限制。他写道，在某场战斗中，斯巴达领袖安纳克西拜阿斯（Anaxibius）失去一切之后，他的被爱者出于一种奉献精神一直陪着他到最后。据称，同性恋情人在战斗前也会向爱神厄洛斯（Eros）献祭，希望爱神能保护他们。

斯巴达年轻人在希腊运动场上训练。

斯巴达战士正在守卫塞莫皮莱（Thermopylae）关口，这是公元前480年一场对抗波斯人的伟大战役。

斯巴达人认为除了同性恋人之间的忠诚和奉献精神对战斗有帮助外，还有另一种方式也有助力，即人们认为性关系可以将爱者的战斗力传递给被爱者。斯巴达男孩在接受作战训练的体操场上接受同性恋行为，通过这种行为来传递成年男性爱者的力量。

斯巴达人十分珍视精液，浪费精液被认为是一种军事犯罪。精液会带来新的生命，这就意味着能为军队带来新的士兵。如果一个斯巴达男人能够生育三个孩子，他就可以免于服兵役，因为他已经完成了自己的任务。相比之下，那些不能生育的斯巴达男人被认为会在礼节上蒙羞。

柏拉图（Plato）笔下的体操场既是男人训练应战的场所，也是进行同性恋行为的场所。在他的《欧绪德谟篇》（Euthydemus）中，男孩克里尼阿斯（Clinias）吸引了包括克特西普（Ctesippus）在内的几个爱者的注意。柏拉图后来说，在体操场内，让男孩们亲密接触来增加他们的英勇，这是在败坏爱情的乐趣。他在他的《法律篇》（Laws）中谴责了同性恋，并建议剥夺同性恋人的公民权。

矛盾的是，在柏拉图的《会饮篇》（Symposium）中，书中人物斐德罗（Phaedrus）对娈童恋加以赞扬。这点值得注意，它说明了或许在一定年龄之前同性恋是可以接受的。我们再次想起忒提丝在帕特洛克罗斯被杀后对阿

希腊古典时期哲学家柏拉图认为恋人间的爱情能造就优秀的战士。

喀琉斯说的"与女人做爱"的话，她是否在告诉阿喀琉斯，他这个年龄段再有同性恋行为，已经是不再值得尊重的行为呢？

军队中的同性恋会让军队实力得到提升，这一点几乎没有争议。如果帕特洛克罗斯确实是阿喀琉斯的情人，那么他的死让阿喀琉斯成为一个超人战士。奇怪的是，柏拉图也认为从理论上说一支由同性恋伴侣组成的战斗队伍是不可战胜的：

> 如果我们能想办法让一座城市或一支军队由恋人们组成，那么就可以避免战士们不择手段地争夺荣誉，他们会成为国家最优秀的公民。这些人如果并肩作战，只需一支军队就能够战胜全世界。一个恋爱中的男人宁愿让其他任何人看到他临阵脱逃、丢盔弃甲，也不愿让自己的爱人看到。即使是胆小鬼也会在爱的激励下变成一位勇士，他不会袖手旁观，眼看自己的爱人陷入困境，身处危险，如若不然，他宁愿死一千次。荷马所说的神在某些英雄身上激发的"怒火"，当然就是爱的特殊力量对恋人产生的影响。

——柏拉图，《会饮篇》

因此，柏拉图和普鲁塔克一致认为，相爱的恋人能够增强队伍的战斗力。这不仅因为他们要保护自己的爱人不受攻击，也因为他们不愿在战场上像个懦夫一样在爱人面前丢脸。

在荷马史诗中，异性之爱是大部分矛盾的罪魁祸首：帕里斯和海伦之间的爱情引发了战争，对女奴克律塞伊斯和布里塞伊斯所属权的争夺导致了阿喀琉斯和阿伽门农的争吵。一些人怀疑阿喀琉斯和帕特洛克罗斯的情人关系，他们指出阿喀琉斯与布里塞伊斯的关系证明他喜欢女人。荷马告诉我们，阿喀琉斯和帕特洛克罗斯与他们各自的女奴一起分开睡在帐篷的两边。但根据阿喀琉斯和阿伽门农的说法，女奴也确实是可以交换的商品。而另一方面，阿喀琉斯和帕特洛克罗斯之间的爱是不可替代的，帕特洛克罗斯死后，阿喀琉斯唯一希望的就是与他同穴共墓，再次团聚。

希腊古风和古典时期的许多作家都认为阿喀琉斯和帕特洛克罗斯之间是同性恋的关系。在埃斯库罗斯（Aeschylus）的《密尔弥冬人》（*Myrmidons*）中，阿喀琉斯在帕特洛克罗斯的尸体前心生猜疑，他指责帕特洛克罗斯的死亡背叛了他们的爱情。埃斯基涅斯（Aeschines）在《诉提马库斯》（*Against Timarchus*）演说中称这两位勇士是一对恋人；索福克勒斯（Sophocles）有一部失传的剧作，名字就叫《阿喀琉斯的情人》（*Lovers of Achilles*）。

忒勒玛科斯和庇西特拉图

一些学者认为，阿喀琉斯和帕特洛克罗斯并不是荷马史诗中唯一的一对同性恋。有人认为在《奥德赛》中，勇士忒勒玛科斯（Telemachus）和皮洛斯国王涅斯托耳的儿子庇西特拉图（Pisistratus）也是同性恋的关系。在诗篇中，忒勒玛科斯为了寻找尚未从特洛伊回来的父亲奥德修斯，进行了一次伟大的航行，他中途在皮洛斯稍做停留。在那里，涅斯托耳让忒勒玛科斯和还未结婚的庇西特拉图在同一张床上就寝。之后，庇西特拉图陪同忒勒玛科斯一同航行。雅典娜发现这两人在斯巴达时睡在同一张床上。

对他们俩关系持怀疑态度的人说，忒勒玛科斯和庇西特拉图都是成年男子，不符合娈童模式。两人年纪都太大了，不可能成为同性恋中的被爱者。但我们发现有大量的证据表明希腊军队中成年男子之间存在同性恋关系，因此将一切同性恋行为都套到娈童模式中是不合理的。

基里克斯（Kylix）陶杯上的图案显示，阿喀琉斯在给帕特洛克罗斯包扎伤口。帕特洛克罗斯的胡须表明两人中他的年龄较大。

古希腊人之间最大的争议似乎是阿喀琉斯是同性恋中的爱者还是被爱者。在近代,这个论点也被用来否定阿喀琉斯是同性恋这一说法。作家埃斯基涅斯、埃斯库罗斯和阿特纳奥斯(Athenaeus)都认为阿喀琉斯是爱者。不过,柏拉图在他的《会饮篇》中表示,帕特洛克罗斯才是爱者。索西阿斯(Sosias)有名的基里克斯陶杯再次证明了这一观点,前面的图案显示,阿喀琉斯在给帕特洛克罗斯包扎伤口,其中帕特洛克罗斯留着显示年长的胡子。

不过,谁是爱者和谁是被爱者,这是一个次要的问题,也并不能证明阿喀琉斯和帕特洛克罗斯不是恋人。在《伊利亚特》中,阿喀琉斯和帕特洛克罗斯的结合以及他们因死亡而分离,都是由众神决定的。这一点在忒提丝的话中有所体现,她知道儿子不仅失去了一生的挚爱,同时离自己死亡的命运又近了一步,这个命运忒提丝和其他任何神都无力改变。

在荷马的《奥德赛》中,据说忒勒玛科斯经常和庇西特拉图共睡一床。右为忒勒玛科斯。

ΟΜΗΡΟΣ

ΑΝΔΡΩΝ ΗΡΩΩΝ
ΚΟΣΜΗΤΟΡΙ

ΟΔΥΣ

ΕΙ ΘΕΟΣ ΕΣΤΙΝ ΟΜΗΡΟΣ ΕΝ ΑΘΑΝΑΤΟΙΣΙ ΣΕΒΕΣΘΩ
ΕΙ Δ ΑΥ ΜΗ ΘΕΟΣ ΕΣΤΙ ΝΟΜΙΖΕΣΘΩ ΘΕΟΣ ΕΙΝΑΙ

第六章 众神、人类和荷马

《伊利亚特》描绘了一个人神共存的世界。不过,荷马笔下的众神是会摆布人类的,他们无休止地干涉人类诸事。远在文字发明之前,关于诸神的神话故事就流传已久,但学者仍在争论荷马是否不会读写。

布面油画《荷马被神格化》(*Apotheosis of Homer*)中,荷马接受加冕,受到众人欢呼拥戴。

宙斯站在伊达山（Mount Ida）的高处，注视着特洛伊城外上演的种种惨烈的战斗。特洛伊人彻底击败了希腊人，赫克托耳及其手下把敌人逼退到了希腊人的海滩营地的木栅栏边。此刻，赫克托耳狂喜不已，肾上腺素飙升，举起一块巨石，扔进营地的大门里：

这时，勇敢的赫克托耳一跃而入，他脸色阴沉，如同暗夜。他身穿锃亮的青铜盔甲，手持两根长矛。除了诸神，无人能够抵挡他扑向大门。他双眼放光，命令特洛伊战士翻越城墙。士兵们听令行事，一些人马上翻过了墙，而另一些人则穿过了大门。

——荷马，《伊利亚特》，第十二卷

整体来看，宙斯站在特洛伊人一方，所以以上事件注定会发生。宙斯将更大的荣耀给了赫克托耳，他让赫克托耳投掷的巨石变得更轻，所以特洛伊人的胜利也是因为他的帮助。

这就是荷马史诗中诸神的力量，他们的干涉贯穿战争的始终。《伊利亚特》开篇中，众神从一开始就插手人类的事，这引起了阿喀琉斯和阿伽门农的争吵：

从阿特柔斯的儿子和伟大的阿喀琉斯第一次发生争执的那天起，宙斯的计划就得逞了。是哪位神灵让他们开始争吵的呢？是宙斯和勒托（Leto）的儿子阿波罗。阿伽门农羞辱了他的祭司克律塞斯，他对这位国王很生气，就用瘟疫来祸害他的百姓。

——荷马，《伊利亚特》，第一卷

荷马史诗中的诸神具有人类的性格特点，他们慈爱、热情、富有爱心，但也小气、易嫉妒、不理性、冲动。

希腊众神之王宙斯的半身像。

《伊利亚特》的重点是战争和传奇人物的事迹，但在每个英雄的背后都有一个神在唆使他们。众神自己也心怀各计，他们有时是因为家族联盟、债务和恩惠，有时则是心血来潮、一时兴起。奥林匹斯山是位于马其顿和希腊之间的一座山脉，众神就在这座高耸的山上密切地注视着特洛伊的一举一动。他们住在赫菲斯托斯亲自建造的宏伟宫殿里，过着令人难以置信的富足生活。不过，他们无法置身于特洛伊战争之外，当他们在奥林匹斯山上的介入不起多大作用时，他们就化为凡人的模样直接介入战争。

荷马史诗中的诸神具有人类的性格特点，他们慈爱、热情、富有爱心，但也小气、易嫉妒、不理性、冲动。奥林匹斯山上的众神像凡人家庭一样相互争斗、责骂、惩罚对方。只是他们不是凡人之躯，他们的生命也从不会因他们在人间的所作所为而受到影响。

众神之王是宙斯，他是全能的人神之父。当他进入宫殿，入座之前，众神都要起身站立，没有一个敢继续坐着。

毫无疑问，宙斯也是最强大的神，他不以武力治家。但他不高兴时，也会通过武力施以惩罚：他曾把妻子赫拉吊在树上，让她脚上挂着铁砧。像许多凡人夫妻一样，赫拉和宙斯之间常有矛盾，比如赫拉同情希腊人，而宙斯则支持特洛伊人。

赫拉会想尽一切办法，包括诡计和蓄意破坏等行为来消灭特洛伊人，她经常试着欺骗宙斯以达到自己的目的。不过，宙斯知道她的伎俩，并不忘提醒对方谁才

希腊德尔斐锡弗诺斯人宝库的众神带状浮雕。

是主导:"这是我的意思。坐下来,闭上嘴巴,如果我一旦开始对你动手,即使众神都在你这边,你也得不到任何好处。"

所以,在《伊利亚特》第八卷中,宙斯严肃地禁止赫拉和其他支持希腊的神进一步参与这场战争。这项禁令在很大程度上一直有效,直到在诗篇第二十卷中爆发了一场众神自由参与的战争。在此之前,特洛伊战争的进程据说没有神的参与。这样一来,宙斯就能实现他那让特洛伊人赢得这场战争的意图。

宙斯并不是唯一一位关注特洛伊战场的神。宙斯的弟弟、海神与"地震之主"波塞冬也在萨莫色雷斯岛(Samothrace)的高座上关注着。波塞冬站在希腊人一边,为此他对宙斯很不满意,决定伸出援手。

宙斯将赫克托耳和特洛伊人引到希腊人的船上,任他们不停地打斗,接着他敏锐的目光转向了别处,这对波塞冬来说是绝好的时机……宙斯不再看向特洛伊,因为他认为没有一个神会去帮助特洛伊人或达南人。

此公元前5世纪的带状浮雕出土自西西里岛塞利努斯(Selinus)的希腊神庙,它刻绘了宙斯和赫拉第一次见面的画面。

诨名是什么

荷马和赫西俄德（Hesiod）两位诗人用特定的诨名简短地描述诸神的才能、作用和外表。例如，宙斯通常被称为"聚云者""人神之父""闪电之主"，阿波罗被称为"宙斯之子""军队的鼓动者""弓箭之王"。

这些称谓描述了每个神的才能，但也可能反映了荷马时代人们对这些神的看法。并非所有的神都是好的，比如阿瑞斯（Ares）被荷马称为"人类祸水""城市掠夺者"和"闪光头盔的掠夺者"。相比之下，雅典娜是"眼睛明亮"和"不知疲倦的"，她是"士兵们的希望"。

阿瑞斯和雅典娜都是武神，但他们在特洛伊战争中立场完全不同，在性格上也是截然相反的。雅典娜是伟大的"城市保卫者"，而阿瑞斯则想要毁灭城市，其他众神都对他感到厌恶。父亲宙斯告诉他："不要到这里来发牢骚，两面三刀的家伙。众神中我最讨厌你，你不停地打架、捣乱，像你母亲一样让人难以忍受，固执得要死。"

在荷马笔下，阿瑞斯的母亲赫拉有一双"牛眼"，她懂得欺骗是她战胜宙斯的最好方法。因此，她寻求"美丽爱笑"的"爱神"阿佛洛狄忒的帮助，用她那女人的智慧来引诱并欺骗丈夫。一切将如她所愿，希腊人在战争中的不利局面得以扭转。

波塞冬趁宙斯分心时，从高座上大步走下来，鼓舞了聚集在一起的希腊战士的士气。

战场上的士气令人难以捉摸。士气高涨的人只用削尖的棍棒就能赢得胜利，而全副武装的军队则会因为士气低落而败北。荷马通常把士气归功于神：它仿佛无中生有，让战士们充满了前所未有的信心和力量。

波塞冬给希腊战士带来的就是士气，他化身为凡人走出海面，在战士们耳边低语，激励

赫西俄德半身像，和荷马一样，他是著名的希腊早期诗人之一。

特洛伊

他们。他的鼓励至关重要，特洛伊人越过营墙，蜂拥而来时，希腊人正躲在船里，"看到冲进来的特洛伊士兵，他们泪水横流，确信自己难逃祸难；但'地震之主'波塞冬在他们中间轻快地走过，鼓励他们的队伍奋勇直前"。

不过，波塞冬没有勇气公开支持希腊人，他担心会被宙斯看到。但他对希腊战士的鼓舞，使得特洛伊人暂时无法占领希腊人的船只。一位名叫伊多梅纽斯的战士，在波塞冬的鼓舞下渴望走上战场战斗。

特洛伊人看到伊多梅纽斯和他的侍从身穿华丽的盔甲，像一团火一样冲过来时，他们大喊大叫，一齐向前冲去，双方在船舷下展开了激烈的交锋。猛烈的狂风呼啸而过，扬起一阵尘土，战斗场景也如这般激烈。双方战士

> 波塞冬的鼓励至关重要，特洛伊人越过营墙，蜂拥而来时，希腊人正躲在船里。

阿瑞斯和雅典娜相互打斗。

使尽全力,用长矛和剑互相砍杀。战场上散落着士兵们用来取人性命的长矛。他们交战时,闪光的头盔、盾牌以及新擦拭过的胸甲令人眼花缭乱。

——荷马,《伊利亚特》,第十三卷

战斗过程中,希腊人设法将特洛伊人逼退,但随后他们又一次溃败了,特洛伊人再次向他们进攻。这是宙斯和波塞冬两神之间的一场对抗,不可能有凡人胜出。不过,希腊人最终会取得胜利,阿喀琉斯将被荣耀所笼罩。这是宙斯的意志,因为这是他向阿喀琉斯的母亲忒提丝承诺的。另一方面,波塞冬太过狡猾,没有在战场上暴露自己的身份,但他也无法仅仅通过鼓舞士气来战胜特洛伊人。因此,没有人能解开这两个人设下的战争之结。

对于实际在战场上作战的凡人来说,这场战争胜负难定,除非奥林匹斯山上的众神出面解决问题。然而,在奥林匹斯山上,众神没有紧迫感,也没有觉得有任何不对的地方,凡人的世界他们可以任意操控。

由于诸神有着强大的力量,那么,在《伊利亚特》中的任何一个凡人对自己的命运有自由决定的权利吗?还是人类的每一个行动都是由诸神预先安排或控制的?书中这两种情况都有发生。例如,在《伊利亚特》第一卷中,阿喀琉斯拔剑要砍阿伽门农时,雅典娜挡住了他的手。但在第十一卷中,奥德修斯就有选择撤退还是继续战斗的个人决定权。虽然神没有给他指示,但他还是决定站起来战斗,而不甘心被指责为懦夫。墨涅拉奥斯后来在面临类似情况时,也有自己决定的自由,但

宙斯和赫拉坐在奥林匹斯山的王座上,波塞冬和赫尔墨斯(Hermes)前来觐见。

第六章 众神、人类和荷马 163

波塞冬走出海面,召集希腊士兵击退特洛伊人。

女神雅典娜向下看到阿喀琉斯和阿伽门农两人在争吵。

他选择了临阵脱逃。然而，尽管某些行为不会受到神的干预，但这只是少数。

无论是否有诸神的帮助，人类之事都比诸神之事影响更严重。阿喀琉斯在和阿伽门农闹翻后退出了战争，这造成了严重的后果，使作战双方死伤无数。而赫拉和宙斯两人关于此事的争论，只是让赫菲斯托斯担心是否会毁掉他们当晚的晚餐，于是他想了个办法，用一个玩笑平息了这场争论。

凡人的决定可能会带来生死攸关的后果，但对众神来说并没有什么致命影响。如果遇到了争议或分歧，众神可以一走了之，回到奥林匹斯山继续过着养尊处优的生活，而凡人不能。

与此同时，特洛伊人与希腊人在滩头阵地周围的战斗正激烈进行着。波塞冬号召希腊人将敌人打回去，他对战士们的鼓舞起了作用，特洛伊人失去了将对方永久赶出自己地盘的机会。希腊军队的重整旗鼓令特洛伊人恐慌不已，丢了士气。

波塞冬放声大叫以壮声势，从他胸腔深处发出的声音，如同成千上万的战士们在激烈战斗中喊叫的声音。波塞冬的这种做法很危险，有可能会引起宙斯的注意，当时宙斯正看向别处。为了让宙斯继续分心，赫拉实施了一个有名的引诱计划。

赫拉怀揣着女人的诡计去伊达山上寻找宙斯，对方当然无法抗拒赫拉的诱惑。为了避人视线，赫拉让宙斯在他们四周撒下一片云彩，这样一来宙斯就无法看到下面败退的特洛伊人。一番云雨之后，宙斯酣然入睡。赫拉成功地欺骗了宙斯，而特洛伊的命运现在变得岌岌可危了。

公元前9世纪的赫拉雕像，出土自距迈锡尼五千米的阿尔戈斯赫拉神庙。

庞贝的罗马壁画，描绘了古斯和赫拉成婚的场景。

> ### 对宙斯的欺骗
>
> 　　为了让波塞冬帮助希腊人，赫拉动用了阿佛洛狄忒给她的催情符，引诱宙斯不再紧盯着特洛伊。荷马的描述让人联想到战士们穿上他们盔甲的样子，这里赫拉似乎也是穿上她的盔甲。这一幕很好地衬托了双方接下来的长期战斗：
>
> 　　她（赫拉）开始思考如何蒙骗他，最后她想到的最好办法是去伊达山，把自己打扮得花枝招展，让乔夫（宙斯）迷恋上自己，然后拥入他的怀中。如此，香甜而悠然的美梦就会蒙蔽宙斯的眼睛和理智。
>
> 　　赫拉去了她儿子伏尔甘（Vulcan，即赫菲斯托斯）为她准备的房间。伏尔甘用一把秘密的钥匙巧妙地锁住了门，这样其他神就无法打开房间。赫拉走进房间，关上身后的门。她用琼浆之水洗去玉体上的纤尘，然后用橄榄油和香脂轻轻地涂抹身体，让身上散发着她独有的香味。如果在宙斯青铜铺地的屋中稍一晃动，这香味就会溢满天庭。
>
> 　　她涂抹完娇嫩的肌肤后，把头顶散着的金发编成辫子。她穿上密涅瓦为她设计的美丽长袍……腰间束上悬挂着一百个流苏的腰带。然后将三对金闪闪的漂亮吊坠耳环穿过耳垂，最后披上了漂亮的头纱。
>
> 　　　　　　　　　　　　　　　——荷马，《伊利亚特》，第十四卷

众神和人类

　　宙斯在云端沉睡时，平原上的战士们一个接一个地痛苦死去。宙斯打盹时，人间发生了一场残忍的屠杀，这再次凸显了人神世界之间的天差地别。伊里斯之前告诉赫克托耳，宙斯会给他杀戮的力量，这力量会一直持续至他到船上，持续至太阳下山，夜幕降临之前，但现在赫克托耳被野蛮地击退了。那么，诸神的想法是什么呢？赫克托耳的命运又是怎样的呢？

　　作为读者，我们已经被荷马在《伊利亚特》中预先告知赫克托耳的命运。宙斯已经向忒提丝承诺，她的儿子阿喀琉斯将获得不朽的荣誉，这就意味着赫克托耳

将会死去。当这一刻到来时,赫克托耳意识到众神已将他抛弃,留他独自面对死亡:"密涅瓦欺骗了我,如今死亡已近在咫尺,我插翅难逃,乔夫(宙斯)和他的儿子远射之神阿波罗已经这样决定了,尽管此前他们一直在保护我。但现在我的厄运降临了。"

诸神会欺骗凡人并且冷酷无情。虽然不清楚他们对人类最终的命运有多大的决定权,但他们似乎能够决定人类生死。比如,阿佛洛狄忒将帕里斯从与墨涅拉奥斯的决斗中救了出来,不让这个被海伦抛弃的希腊人得到他的战利品。海伦责备帕里斯,并说墨涅拉奥斯是更为勇敢的战士,帕里斯打断她说:"我的妻子,不要再责备我,让我烦恼了。这一次,因为有密涅瓦的帮助,墨涅拉奥斯才战胜了我;下一次,我也可能成为胜者,因为也有神会帮助我。"

在战争中,雅典娜也是一个伟大的生命拯救者。当受伤的狄俄墨得斯召唤她时,雅典娜治愈了他的伤

战神雅典娜雕像。

口，并扯掉了面纱，面纱用来阻止人们看到诸神。如此一来，狄俄墨得斯就看到了众神之中谁在帮他。

当然，大多数凡人对众神知之甚少，却也希望得到神的眷顾。凡人向神明祈祷，贡出祭品，虔诚祈祷。但是，正如我们所见，他们的命运完全受神明的摆布。只有最勇敢的战士才会与他们的命运抗争，但他们也知道自己无力改变命运。

虽然众神有能力将他们喜欢的人从战场上救出来，但他们有能力改变其命运吗？如果有哪位神能够改变命运，那他就是宙斯。不过，尚不清楚各种事件的发生是否已经注定，甚至超出了宙斯的掌控。比如，宙斯可以预见阿喀琉斯和帕特洛克罗斯等英雄的死亡，但他也担心阿喀琉斯或许有能力改变自己的命运。这一疑虑出现在宙斯决定修改他禁止众神参加特洛伊战争的规定之时。现在，宙斯命令诸神参与其中：

意大利阿普利亚（Apulia）的大理石碎片上刻绘了希腊人和特洛伊人战斗的画面。

我要坐在奥林匹斯山上，静观一切，但你等众神要到特洛伊人和阿开奥斯人之中，按自己意愿选择帮助任何一方。不出意外，特洛伊人根本不是阿喀琉斯的对手，他们一看到他就吓得颤抖。现在同伴被杀，阿喀琉斯恼怒不已，他会冲破命运的束缚，洗劫特洛伊城。

——荷马，《伊利亚特》，第二十卷

阿喀琉斯可能会冲破命运的束缚，这意味着万物并非绝对，命运会发生变化，命运可以被人类的意志改变。当宙斯的儿子萨耳珀冬（Sarpedon）就要走到命运的终点，死在帕特洛克罗斯的手中时，宙斯也暗示了这一点。他向赫拉悲叹此事，说他想让萨耳珀冬躲过此劫。赫拉总是小心翼翼地不去激怒她的丈夫，她提醒道，选择权在他，但他也有责任不改变命运：

"随你心意做吧，我等众神不可能都赞同你。我说得明白点，请你记在心里，如果你把萨耳珀冬安全地送回家，其他神的儿子也在特洛伊城作战，他们也想护送他们的儿子离开战场，你这样做会招来他们的愤恨。如果你怜爱他，就让他倒在帕特洛克罗斯的手下。在他死后，你就派死神和甜蜜的睡神把他带离战场，带到吕西亚广阔的土地上，在那里他的兄弟和亲人会为他筑坟树碑，让他享有死者应有的体面。"赫拉说罢，人神之父宙斯没有反驳。但为了纪念他的儿子，他在大地上洒下了一片血雨。萨耳珀冬将在远离故土的特洛伊的肥沃平原上被帕特洛克罗斯杀死。

——荷马，《伊利亚特》，第十六卷

所以说，命运是可以改变的，但诸神要来确保命运不被人为改变，否则自然秩序就可能会遭到破坏，祸乱纷至，诸神间的大战肆虐开来。如果说诸神间的战争是由凡人争吵引起的，这将令人难以想象。

最后，宙斯在赫拉适当的劝诫下，任由萨耳珀冬被杀，让万物都顺应自己的命运。有了宙斯的命令，诸神兴奋地加入了这场战斗，选择战士，让战士在他们帮助下开始互相厮杀。

对于众神而言，这是赫克托耳被杀和围攻结束前的最后一次欢呼。胜利和悲剧尽情地上演，但居住在奥林匹斯山的众神无须承受任何后果。

对于战斗中的凡人来说，他们最希望有一个神能选中他们，给他们带来恩泽。这种希望能让他们在逆境中继续战斗，如果没有神的参与，战场就是一个十分残酷且毫无意义的地方。

死去的萨耳珀冬。他是宙斯的儿子,赫拉劝说宙斯不要救他。

吟游诗人

特洛伊平原上的战士并不是唯一向神灵求助的凡人,讲述战争和人类故事的吟游诗人也会这样做。在《奥德赛》中,得摩多科斯(Demodocus)求助缪斯(Muse)帮他讲述故事。得摩多科斯是荷马史诗传说中的一个重要人物,一个吟游诗人。缪斯深爱着他,给他一技之长,赋予他神圣的吟诵天赋,但也给他带来了灾难,夺走了他的视力。

奥德修斯本人说吟游诗人十分重要,他们受到全世界人们的尊敬和爱戴:

得摩多科斯,世人中我最欣赏你。你一定师从阿波罗或宙斯的女儿缪斯,你

对阿开奥斯人的回归，以及他们所有遭受的苦难和危险吟唱得恰如其分，仿佛你亲身经历过，或者听到过亲历者的诉说。现在，换一段吟唱，用你的歌声告诉我们特洛伊木马屠城的故事，密涅瓦帮助厄帕俄斯（Epeus）造了这木马，尤利西斯把士兵装进木马，用计谋混入城内，最后洗劫了特洛伊。如果你能精彩地讲出这个故事，我将告诉全世界，你拥有何等的天赋。

——荷马，《奥德赛》，第八卷

得摩多科斯灵感迸发，他讲述着特洛伊木马和洗劫特洛伊城的故事。这一情节《伊利亚特》中并未提及。得摩多科斯的讲述令最伟大的战士都为之动容。木马的设计者奥德修斯也一边回忆一边流泪。

众神之战

宙斯请众神加入战争，在凡人中站队，很快他们彼此就开始战斗起来。阿瑞斯和阿佛洛狄忒对抗雅典娜，阿波罗对抗波塞冬，赫拉对抗阿尔忒弥斯（Artemis），赫菲斯托斯对抗河神克珊托斯（Xanthus）。最后一场火神与河神之间的战斗是唯一一场激烈程度和凡人战争相似的战斗。其他战斗场景都是用戏谑的笔触来描述的。大多数神虽然参与其中，但似乎把战斗当成了娱乐，他们的杀戮有一种喜剧意味。

雅典娜用一块石头打中阿瑞斯脖子后击倒了他，她踩在对方身上笑着说："白痴，和我一较高下，你真是不自量

得摩多科斯在讲述特洛伊陷落的故事，这引得奥德修斯满脸泪水。

阿波罗和波塞冬在特洛伊加入了战斗

力。"阿佛洛狄忒随后扶起不停呻吟的阿瑞斯,带他离开了战场。雅典娜见状,冲到阿佛洛狄忒面前,一拳打在她的胸上,接着两人都气喘吁吁地躺倒在地。

与此同时,赫拉抓住狩猎女神戴安娜(Diana,即阿尔忒弥斯)的手腕,抢走了她肩上的弓。赫拉大笑,伸手打到了戴安娜的耳朵。戴安娜疼得抽搐,随后她跑回了奥林匹斯山,坐在地上哭泣。宙斯去安慰她,却在偷笑——读者也是如此。战争对诸神来说如同儿戏,他们长生不死,不会丢掉性命。

荷马是谁?

此刻,众神和吟游诗人有了交集,缪斯激发了失明吟游诗人的创作能力,他讲述的伟大故事可以在人类数千年的历史长河中流传。从某种意义上说,吟游诗人和战士一样,赢得了流芳百世的声名。《伊利亚特》和《奥德赛》是伟大的吟游诗人荷马的作品,他可能和得摩多科斯一样是个盲人。事实上,我们对荷马几乎一无所知,诗歌并非因人而不朽,比如《伊利亚特》中的一万五千六百九十三行六步格诗可能写于公元前8世纪,至今大概已经流传了两千七百多年。这是如何做到的呢?

希腊历史学家希罗多德(Herodotus)告诉我们,荷马大约生活在他那个时代的四百年前,也就是公元前9世纪的某个时候。研究荷马的古代学者,萨莫色雷斯的阿利斯塔克斯(Aristarchus of Samothrace),认为荷马在特洛伊战争发生后的一百四十年左右,也就是公元前1100年左右的某个时候就存在了。希罗多德和阿利斯塔克斯都认为荷马是盲人。如果荷马生活的时代确实如阿利斯塔克斯所推断,那么他就正处于地中海沿岸的黑暗时代。

青铜时代崩溃之前,荷马最容易学会的两种书面文字应该是迈锡尼的线形文字B和赫梯的楔形文字,但这两种文字在迈锡尼文明覆灭之后也都消失了。

虽然许多人认为荷马住在安纳托利亚(现代的土耳其)西部的某个地方,但无人知道具体地点。古希腊城市士麦那(Smyrna)和希俄斯岛都有可能是他的居住地。

无论荷马是否接触到了书面文字,他的诗歌都是以口头方式流传的。几个世纪以来,关于特洛伊史诗的诗歌在吟游诗人口中代代相传,因此在某种意义上,特洛伊史诗是集体记忆的一部作品。

经过几个世纪以后，这些诗歌才得以成文。特洛伊战争的故事确实有可能是亲历者或亲历者的转述人向吟游诗人诉说的。

无论毛利（Maori）文明还是维京（Vikings）文明，很多文明中都能见到口头诗歌的影子，诗歌远在文字产生之前就有人吟诵了。口头诗歌的传统一直延续到现代，包括20世纪的南斯拉夫、亚美尼亚和爱尔兰都有口头诗歌的影子。

诗人在即兴吟诵诗歌时，通常使用惯用的套话或熟悉的诨名来押韵或拼凑节

拍。所以，当这些诗写成文字后，惯用的诨名成了作品的重要特点。

即使荷马没有亲自写下这些诗，而是将诗口述给誊写的人，但许多人仍认为他创作时一定使用了某种形式的文字。事实究竟如何，我们难以得知。荷马仍然神秘莫测。

人们认为《伊利亚特》最早成文于公元前750—前725年的某个时间，它可能是写在埃及纸莎草纸或兽皮上。希罗多德说，公元前5世纪的希腊人用"皮"这个词指代书籍。这让人们想到柏勒洛丰（Bellerophon）的介绍信是写在一块褶皱的

无论荷马是否接触到了书面文字，他的诗歌都是以口头方式流传的。

图中展现了理想化的希腊生活方式，一位希腊诗人，很可能是荷马，正在向一群希腊人吟诵。

泥板上的。无论诗写在什么材料上，作诗的过程是相当漫长的。涅斯托耳陶杯上刻着早期粗糙且拙劣的希腊字母写成的诗。要将一首经过仔细斟酌的口头诗书写得十分完美需要数年时间。

到了公元前 6 世纪，荷马的诗被写在了大纸草卷上，在希腊古典时期流传开来。在公元前 4 世纪，在亚历山大大帝建造的埃及亚历山大城内居住的研究荷马的学者都知道这种诗歌的记载形式。在这里，很可能是亚历山大图书馆的常驻读者萨莫色雷斯岛的阿利斯塔克斯将荷马史诗分成了二十四卷。这纯粹考虑到实际需求，如果卷太长，就容易破损。几个世纪以来，羊皮纸取代了纸莎草纸，但手工抄写荷马史诗的惯例没有变。古罗马帝国覆灭后，直到公元 14 世纪，在西欧的一些地方如意大利还可以找到《伊利亚特》的羊皮纸副本。

遗憾的是，当时没有人能够看懂。希腊语在西欧已经失传，直到 1453 年拜占庭落入奥斯曼帝国之手后，讲希腊语的学者从拜占庭逃了出来，才使得希腊语得以复兴。希腊语重新使用之后，出现了许多古代的希腊文手稿，其中包括荷马的诗歌。

著名的涅斯托耳陶杯，其上用希腊文字写着"这是涅斯托耳用来饮酒的杯子"。

书面语言

几乎没有证据表明《伊利亚特》或《奥德赛》中的人物知道如何阅读或书写。《伊利亚特》中，只有第六卷中的一个副故事隐晦地提到了书写，而这个故事与主要情节基本无关：

"国王很生气，但又不敢杀柏勒洛丰，于是派他带着写在褶皱的泥板上的介绍信去吕西亚，信中有很多对柏勒洛丰不利的内容。国王让他把信给他的岳父看，想让他因此丧命。"

我们不知道柏勒洛丰的介绍信中使用的是什么文字，但很可能是线形文字B，这是一种由两百多个符号组成的迈锡尼文字，只有学习过的文人才会使用。线形文字B在青铜时代崩溃后就消失了，地中海周围的人一度都是文盲。之后，出现了希腊字母，这些字母不足三十个，但可以用它们来写诗。令人惊讶的是，这些字母是由地中海的腓尼基（Phoenicia）商人赠送给希腊人的。腓尼基人是闪米特民族（Semitic）的贸易部落，他们主要居住在巴勒斯坦（Palestine）的推罗（Tyre）和西顿（Sidon）。在黑暗时代，腓尼基商人的贸易依然做得风生水起，地中海周围的大多数港口都停靠着他们的船只。

腓尼基人也曾前往皮特库塞岛（Pithekoussai），即今天意大利那不勒斯湾的伊斯基亚岛（Ischia），去开采那里的铁、银和锡。这座岛上也有黑暗时代的希腊幸存者，不知为何，双方最终成为合作伙伴，他们的语言也得到了交流。腓尼基字母表仅由辅音组成，主要用来进行贸易和商业交流。希腊人给腓尼基字母表增加了五个元音，将其变成了一种可用于书写诗歌和散文的语言。

最早可以证明新希腊字母的考古证据是涅斯托耳的陶杯，此陶制水杯可以追溯到公元前8世纪。陶杯表面用新的希腊字母刻下了这首诗：

"这是涅斯托耳饮酒的杯子。谁要是举杯一饮而尽，他马上就会对美丽的阿佛洛狄忒产生欲望。"

有了新的字母表，荷马史诗第一次写在了书面上。

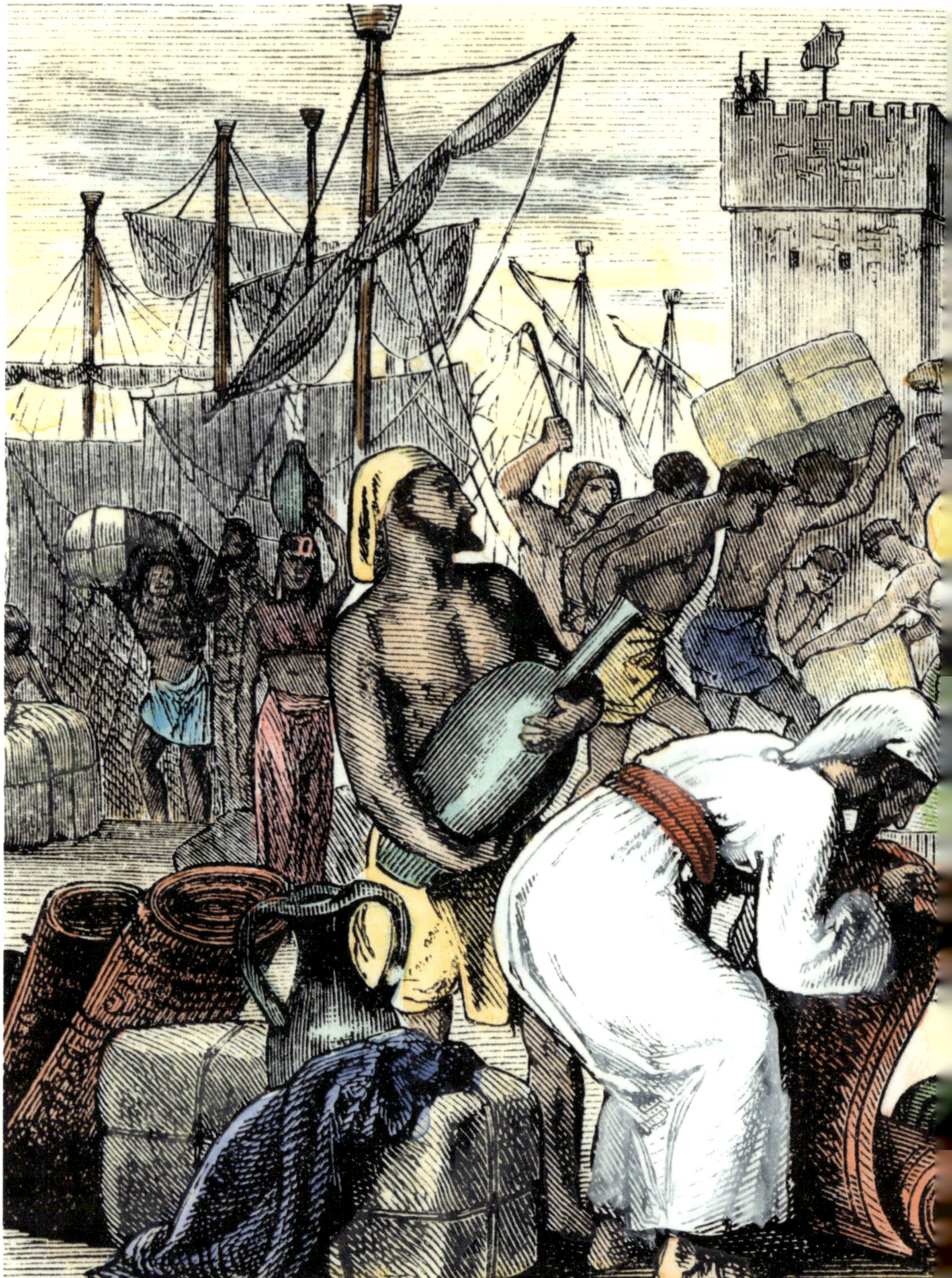

腓尼基商人在地中海口岸兜售商品。

首个印刷本

《伊利亚特》的第一个印刷本于 1588 年在佛罗伦萨出版,此后一直到今天,荷马的书籍还在不断地翻印。他的诗歌被认为是世界上最古老的文学作品之一,整个学术界都对他的作品有过分析。

荷马、特洛伊战争以及诗歌和历史的关系让人们着迷了近三千年。正是因为文字的作用使这种魅力得以持续。荷马作为世界上最早、最伟大的作家之一,对后世的影响深远。

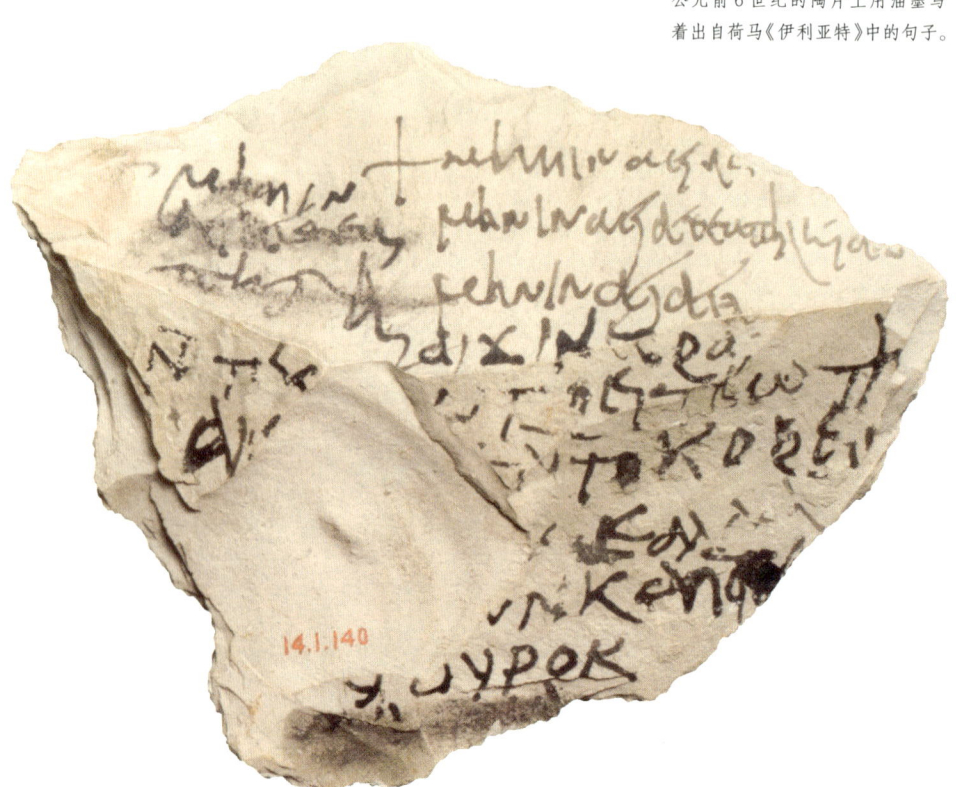

公元前 6 世纪的陶片上用油墨写着出自荷马《伊利亚特》中的句子。

1616年版《荷马作品》的扉页。

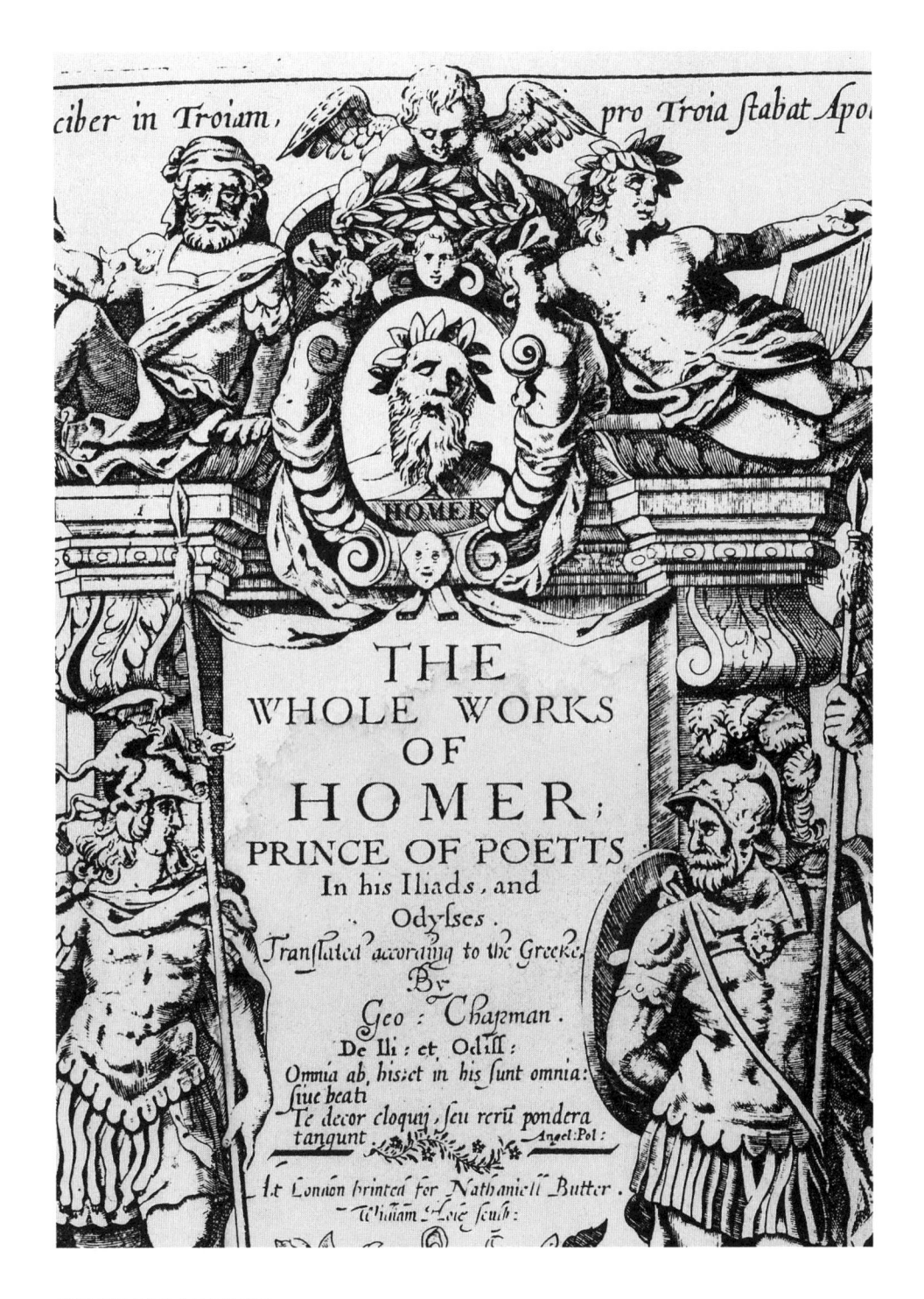

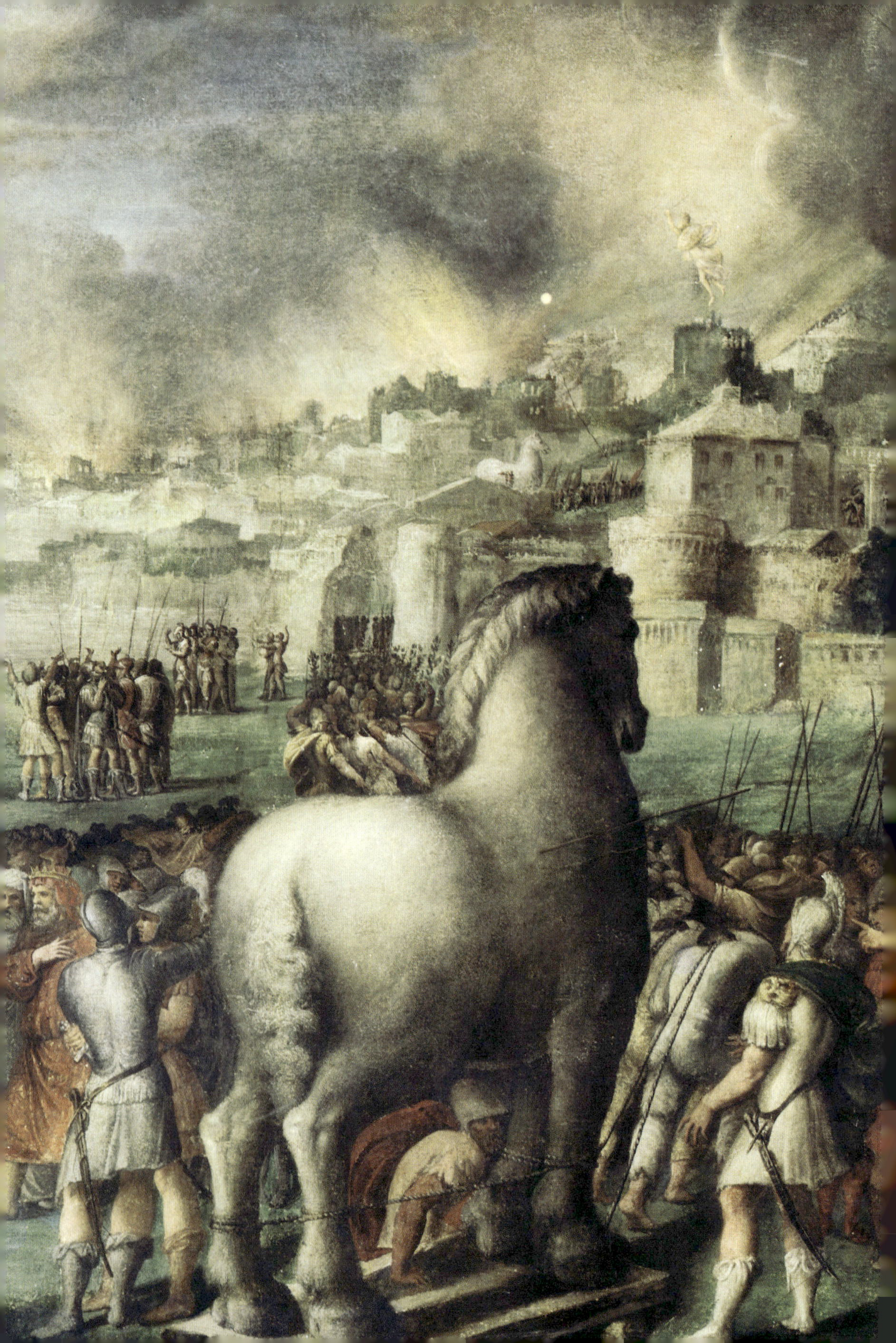

第七章　破旧而出的新文明

在维吉尔的史诗《埃涅阿斯纪》中,埃涅阿斯向安静的听众讲述了特洛伊被洗劫的经过。青铜时代的难民,他们的城市毁于地震、饥荒和野蛮人的攻击,而特洛伊人的命运就和这些真正意义上的难民如出一辙。

毁灭特洛伊的木马。我们从维吉尔的《埃涅阿斯纪》而非荷马的《伊利亚特》中了解到了特洛伊被毁的细节。

特洛伊人埃涅阿斯的雕像，他建立了罗马。据称，他的后代在其他几个国家建立了殖民地。

在维吉尔的《埃涅阿斯纪》中，特洛伊的勇士埃涅阿斯将带领特洛伊的幸存者建立一个新文明，即罗马文明。在北非迦太基（Carthage）女王狄多（Dido）的宫殿里，埃涅阿斯详细讲述了特洛伊毁灭的恐怖经过。他讲述了奥德修斯设计的木马，这木马在战争之后被遗留在了希腊人离去的营地里。木马里面藏有一小撮精挑细选的希腊士兵，他们全副武装地挤在黑乎乎的拱形马肚洞穴里。特洛伊人盯着这匹木马，思考着它的用途。战士提摩厄特斯（Thymoetes）喊道，这匹马是战利品，应该把它拖进城去，但其他人怀疑这是一个陷阱。城市的长老们说，把它拖进海里，劈开或者用火烧掉。这时，祭司拉奥孔（Laocoon）从城里跑来，对着人群喊道：

我可怜的子民啊，特洛伊人啊，你们是疯了吗？ 你们相信敌人真的走了吗？这木马难道是达南人的礼物，不是诡计？这是尤利西斯的风格吗？阿开奥斯人一定藏在这木马里，或者这木马是为了顶到我们的城墙上，以帮助他们越过城墙进入我们的家园，从高处袭击特洛伊。这木马有诈。我不相信这木马，不管它是希腊人的礼物还是其他什么东西，我照样怀疑害怕。

——维吉尔，《埃涅阿斯纪》，第二卷

接着，拉奥孔抓起一根长矛向木马腹刺去，但并没有发现异常。小人西农（Sinon）的出现转移了特洛伊人的注意力。西农是一个希腊人，他说自己是和这木马一起被留下来作为献给雅典娜女神祭品的。西农解释说，奥德修斯亵渎了雅典娜的一座神庙，因此希腊人遭到了她的诅咒。为了解除这一诅咒，他们设计了此木马作为祭品献给雅典娜，这样希腊士兵就可以离开特洛伊安全回家了。西农还提醒说，如果木马受到任何损伤，雅典娜就会摧毁特洛伊，但如果将它带到城内，那么特洛伊人就一定会得到雅典娜的帮助,让他们在以后的战争中打败希腊人。

仿佛是为了证实西农所言是神的旨意,突然间有两条海蛇从涌起的海浪上盘旋而起,颈背血红,露着下腹,并排向岸边游来。它们吞下拉奥孔的两个儿子,拉奥孔也被缠住脖子窒息而死,最后它们还爬到了雅典娜的神龛前。

消息很快就传开了,说拉奥孔用长矛亵渎了木马,也就是亵渎了雅典娜,他也因此付出了代价。人群高喊祭品必须被拖到它应去的地方,于是致命的、藏有敌人的特洛伊木马被拉进了城。

当夜深人静时,西农将藏在木马中的士兵放了出来。于是,特洛伊灭亡的丧钟敲响了。

此幅18世纪的画作描绘了埃涅阿斯在迦太基女王狄多王宫中的情景。

与此同时，死去的赫克托耳的魂灵出现在了埃涅阿斯的梦中。此前众神为了不让阿喀琉斯残暴地亵渎赫克托耳的身体，将他的身体保存完好。而现在，埃涅阿斯眼前的赫克托耳悲伤憔悴，泪流满面，浑身是伤，像死去那天被拖在战车后面那样，他浑身尘土血污，肿大的双脚也被生皮绳条划破。

赫克托耳的魂灵告诉埃涅阿斯赶快逃离特洛伊，这个城市现在注定要毁灭了。赫克托耳解释说，埃涅阿斯的命运是要带上特洛伊的幸存者，在海上漂荡时为他们找到可以统治的城池。当埃涅阿斯被周围希腊人攻击的骚动声惊醒后，他没有听从赫克托耳的话逃离，而是穿上盔甲，奔向城市的防线。

但埃涅阿斯的努力是徒劳的，因为刚返回的希腊军队被放进了城中，他们开始大肆屠杀。埃涅阿斯详细描述了特洛伊被洗劫的恐怖场面，但最令人动容的是年长的国王普里阿摩斯死亡的场面：

两条海蛇勒死了特洛伊人拉奥孔和他的儿子。木马被当作圣物送进了特洛伊城内。

第七章 破旧而出的新文明 189

木马被带进了特洛伊城内,现在,这座城市已注定要毁灭了。

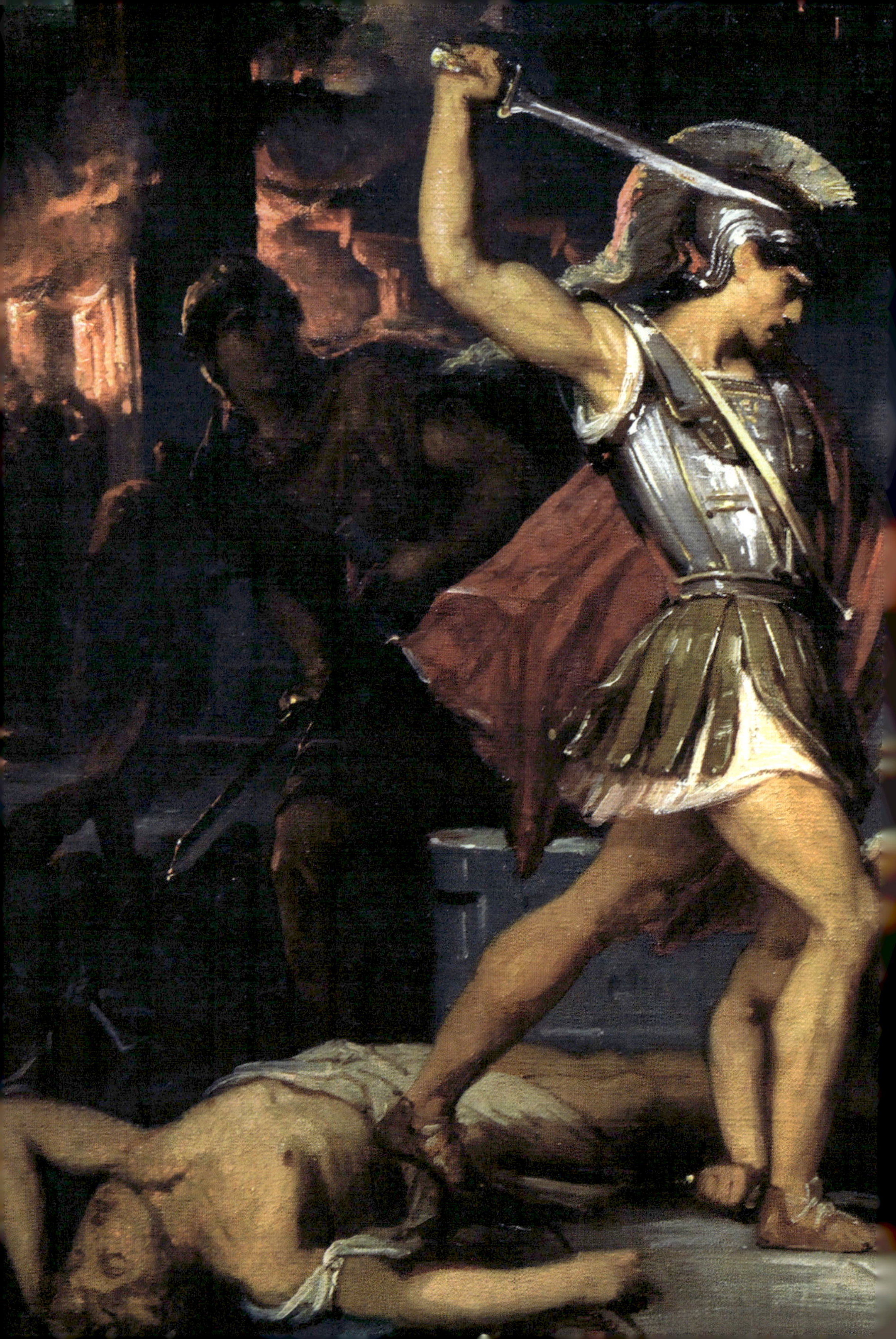

皮洛士将剑深深刺入普里阿摩斯的腹部,将他杀死

他（普里阿摩斯）看到城门被攻破，敌人涌进城中，在宫殿深处安营扎寨，他将搁置已久的盔甲披到他那老而颤抖的肩上，将一把许久未用的剑绑在腰间，走向战斗的最激烈之处，迎接死亡……突然，普里阿摩斯的儿子波吕忒斯（Polites）从皮洛士手中逃脱了出来，他带伤冲出敌人的枪矛，顺着长廊穿过空空的殿厅跑来。皮洛士紧追不舍，想要抓住将他刺死。最后，波吕忒斯坚持跑到父母跟前，最后，口吐鲜血倒在了他们面前。当时，普里阿摩斯知道死亡近在眼前，但他并未退缩，没有抑制住愤怒，大喊道："倘使上天还有任何正义，记下你和你的恶行，愿神责罚于你，惩处你的罪恶，你竟亵渎一个为父者的颜面，让我的儿子死在我眼前！你竟然说你是阿喀琉斯之子，一派胡言！阿喀琉斯绝不会这样对待他的敌人。他尊重一个苦苦哀求者的权利，他会羞于背叛我的信任。他把赫克托耳的尸体还给我埋葬，让我平安回到自己家里。"他说着，使出全力投出他的长矛，但力量太弱，没能伤到对方丝毫，只咣啷一声刺到盾的凸起点上，然后掉落了下来。皮洛士答道："既是那样，我就派你去给我父亲送个信儿，别忘了告诉他我恶毒的行为，我是如何辱没了我父亲的名声。现在，你就去死吧！"说完，他拖着老国王颤抖的身体，划过他儿子的血泊走向祭坛，他左手揪住老人的头发，右手举起锃亮的长剑，深深地刺向老国王的腹部。

——维吉尔，《埃涅阿斯纪》，第二卷

普里阿摩斯被杀时，埃涅阿斯想到了他自己的父亲安喀塞斯（Anchises）、妻子克瑞乌萨（Creusa）和儿子尤拉斯（Iulus）还在家里等着他。他意识到自己必须带着家人离开这座城市，于是飞奔回家营救他们。但当他们一起逃跑时，克瑞乌萨却不见了。之后，当埃涅阿斯在大火熊熊燃烧的城内苦苦寻找时，克瑞乌萨的魂灵出现在他的面前。她告诉丈夫，让他在台伯河（Tiber）附近上岸，并与在他身边的女王一起创建一个新的王国。之后，埃涅阿斯感叹道："她的话让我哭泣不止，我多希望自己再跟她多说些话，可她弃我而去，消失在稀薄的空气中。我三次试图用手搂住她的脖子，可三次我都扑了空……"

城市被洗劫后，埃涅阿斯与他的父亲和儿子在火光冲天的城外安全会合。与他们一起的还有一群难民，他们成为特洛伊最后的幸存者。根据传说，这些特洛伊人将建立罗马城。然而在此之前，维吉尔神话中的特洛伊人将成为青铜时代真正的流亡者；特洛伊的命运也将困扰着赫梯和迈锡尼王国，因为他们曾经伟大的文明也毁于战火之中。

迈锡尼的覆灭

洗劫特洛伊是《伊利亚特》中的希腊勇士们十多年来一直梦寐以求的事情，但洗劫是有代价的。许多希腊英雄将会因此痛苦地死去。迈锡尼城邦的国王阿伽门农将被他妻子及其情人杀害。与埃涅阿斯一样，阿伽门农的命运在某种程度上也反映了历史的真实性，因为历史上的迈锡尼城邦毁于武力和大火，属下的其他城邦也随之覆灭。然而，迈锡尼的毁灭只是席卷地中海沿岸文明大灾难的缩影。不可避免地，青铜时代也以毁灭告终。

青铜时代大范围的崩溃后，紧接着进入了一个被称为希腊黑暗时代的时期。在这一时期，迈锡尼的宫殿遭到遗弃，

希腊古典时期的花瓶上描绘了埃涅阿斯将其父安喀塞斯带出陷入火海的特洛伊城的画面。

文字体系被遗忘，长途贸易和外交关系断裂，政府和宗教官僚机构不复存在，幸存的希腊人重新过起了简单的乡村生活。

迈锡尼王国是当时的"超级大国"之一，它怎么会发生如此灭顶之灾呢？

这里面有很多未解之谜。当时人们都是文盲，没有文人来记录迈锡尼衰败的原因。赫梯人留下了许多关于特洛伊时代的楔形文字泥板，却没有任何关于迈锡尼的记录。证据很零碎也不易收集，但它似乎表明有许多原因导致了迈锡尼的崩溃。

我们知道的是，在公元前13世纪，地中海沿岸的贸易路线多变，这些地区的

文明面临越来越多的进攻威胁。为了应对威胁,迈锡尼的城邦开始大规模修建防御工程,尤其是在沿海区域,因为入侵者可能会从海上登陆。

梯林斯和迈锡尼在城邦四周用石灰岩巨石建造了巨大的库克罗普斯式城墙,有些地方的厚度达到了七米。被荷马称为"高墙"的梯林斯还增建了长长的地下通道,以作为围困期间最后的避难所。梯林斯和迈锡尼都建造了复杂的水利工程,以确保供水不会被切断。奥尔霍迈诺斯城邦四周都是农田,人们在农田周围修建了一千多米长的城墙。

希腊的其他地方也建造了类似的防御工事:在科林斯、阿拉索斯(Araxos)和拉科尼亚(Lakonia),面向大海建造了高大的库克罗普斯式城墙,至今仍在。不过,这些城墙并不坚固,不足以抵御任何希腊居民所忌惮之物的侵袭。

曾经伟大的迈锡尼城邦如今只剩一片废墟。

阿伽门农的结局

阿伽门农是希腊最伟大城邦的统治者,也是带领希腊人出征去抢回海伦的领袖,他从特洛伊返回,本应过上荣华富贵的生活。然而,事实并非如此。在《奥德赛》中,奥德修斯来到冥界,知道了阿伽门农的命运。为了吸引死者的灵魂,奥德修斯必须挖一条壕沟,并用公羊血填满它,而且死者的鬼魂必须喝下血液才能重获声音。通过此种方式,阿伽门农的魂灵透露出他是被他的妻子克吕泰涅斯特拉及其情人埃癸斯托斯杀死的:

埃癸斯托斯和我的恶妻这两人杀死了我。埃癸斯托斯把我请到他家里,盛情款待我后,他像杀死屠宰场的一头肥兽一样残忍地将我杀死,我周围的战友也都像羊或猪一样被杀死了。我听到普里阿摩斯的女儿卡珊德拉的尖叫,我那毒妻就在我旁边杀了她。我躺在地上,身上被刺了一把剑,奄奄一息,举起手来想要杀了这个荡妇……

——荷马,《奥德赛》,第十一卷

当奥德修斯与阿伽门农交谈时,阿喀琉斯的灵魂也出现在奥德修斯面前,对他说:"你怎敢斗胆跑到冥界来?"阿喀琉斯向他揭露了冥界的真正恐怖之处和生者对永恒的无知:"上帝啊,我宁可在人间做一个奴隶,服侍为了生存奔波的穷苦农民,也不愿在这里统治所有的死人。"

杀死阿伽门农后,手拿斧头的克吕泰涅斯特拉站在一旁,毫无愧疚之心。

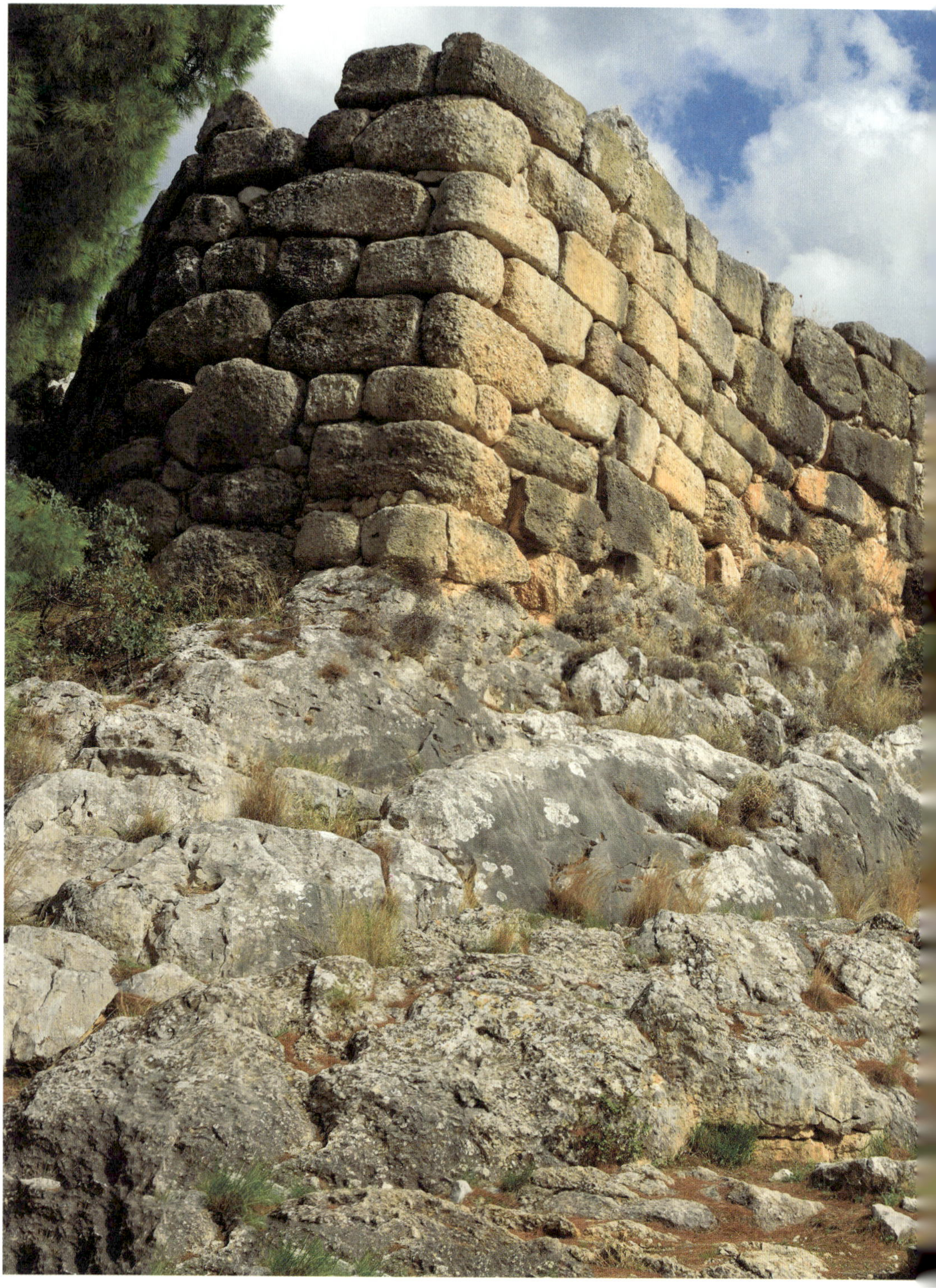

第七章 破旧而出的新文明

尽管在古代遭到了破坏，梯林斯的巨石城墙仍然屹立不倒。

海上袭击者

在皮洛斯宫殿发现的线形文字 B 泥板是青铜时代唯一的文字证据,它记录了人们为抵御海上入侵做的一些准备。其中一块泥板的标题很有说服力,它写到"哨兵正在守卫海岸"。以下是一份名单,里面包含了保卫城邦的地方军事首长的姓名以及他们手下的人数——奥维托诺(Owitono)的马勒斯指挥部:阿佩利塔旺(Ampelitawon),奥雷斯塔(Orestas),埃特瓦斯(Etewas),科金(Kokkion)……在奥哈利亚(Oikhalia),奥维托诺的五十名苏韦罗维霍人(suwerowijo)……艾塔勒维斯(Aithalewes)的十名库帕里西安基德人(Kuparissian kekide)……从奥哈利亚到奥维托诺的三十人。

与迈锡尼和梯林斯不同的是,皮洛斯对自己的军队充满信心,所以从来不认为有必要修建高大的防御工事。但后期,皮洛斯也经历了恐惧,王宫急忙召集战士们来保护城邦。一支大约由一千五百名战士组成的部队被迅速集合起来。在皮洛斯的另一块线形文字 B 泥板中,可以看到一种无路可退的恐慌和不顾一切进行防御的情景。

在皮洛斯宫殿废墟中发现的传奇泥板。我们对迈锡尼人的了解大多来自这些泥板。

以前很少见到的活人祭品现在被用来安抚迈锡尼的神灵。

> 皮洛斯：在波塞冬的神殿和……镇上献祭，把祭品带来，再带一些人来搬运祭品。一个金杯，两个女人……皮洛斯：在鸽子女神、伊菲美狄亚（Iphemedeia）和迪维加（Diwja）的神龛上献祭，把祭品带来，再带一些人来搬运祭品。献给鸽子女神：一个金碗，一个女人。献给伊菲美狄亚：一个金碗。献给迪维加：一个金碗，一个女人。献给赫尔墨斯……一个金杯，一个男人。皮洛斯：在宙斯的神龛前献祭，把祭品带来，再带一些人来搬运祭品。献给宙斯：一个金碗，一个男人。献给赫拉：一个金碗，一个女人。献给宙斯的祭司德里米奥斯（Drimios）：一个金碗，一个男人。
>
> ——皮洛斯线形文字B泥板

更具戏剧性的是，最后一个线形文字B句子在泥板边缘划下了长长一道，仿佛书写者在城市被占领的那一刻被打断了书写。估计这些泥板还没来得及在窑中烧制，但后来吞噬城市的大火将它烧硬了。在遗址的挖掘过程中也没有发现任何人类遗骸，因此我们推测该城市遭到了攻击和洗劫，人民受到了奴役，希腊人曾毁灭了特洛伊，现在毁灭的命运也落到他们的头上。

> 我们推测该城市遭到了攻击和洗劫，人民受到了奴役，希腊人曾毁灭了特洛伊，现在毁灭的命运也落到他们的头上。

出土自中东地区的黏土棺材盖上刻有某个海上民族的肖像。

这一次的袭击者是神秘的海上民族，这是一个由战士及其家人组成的掠夺联盟，他们联合起来袭击地中海沿岸的发达文明。袭击皮洛斯的军队当然不仅仅是一群无组织无纪律的战士，还是一支组织严密的队伍，他们有计划地摧毁了一个又一个迈锡尼的城邦。

迈锡尼和梯林斯大概在同一时间发生了地震。希腊境内遭受了歉收和饥荒，人口过剩影响了大片地中海沿岸地区。所有因素加在一起，使得许多文明日益脆弱；许多城邦居民最终沦为了流离失所的难民，他们中的一些人很可能加入了海上民族的队伍来攻击其他的城邦。

阿伽门农的迈锡尼堆满了不久前刚从特洛伊掠夺来的战利品，加之地震削弱了迈锡尼的防御工事，因此人人对此垂涎不已，蠢蠢欲动。迈锡尼骄傲的战士们不管剩下几个人，都会骑马去迎接入侵者。但由于攻击者配备了新的轻型盔甲和长剑，他们很快就把迈锡尼战车上的士兵打得落花流水。如同皮洛斯一样，迈锡尼人也败了，他们的城堡被攻陷了，人民也遭到了奴役。

克里萨（Krisa）、莫内莱恩（Menelaion）、阿拉索斯、奥尔霍迈诺斯和底比斯这些城邦相继被大火摧毁。这些城邦大多数将被永远遗弃，皮洛斯、克里萨和莫内莱恩之后再无人定居。其他城邦如迈锡尼和梯林斯找到了另一种生存方式，人们回到了被毁的城市，在城墙内重建了棚户区，但国王已经大权旁落了。

迈锡尼就这样苟延残喘地延续了几十年，直到另一伙入侵者给了它致命一击，他们洗劫了城市，将人民充为奴隶。至此，荷马笔下伟大的英雄时代结束了。

攻击埃及的海上民族

并非所有的文明都随着青铜时代的崩溃而瓦解。古埃及曾两度击败海上民族，延续了几百年。埃及人幸免于难，他们将自己的遭遇记录了下来。拉美西斯二世统治时期出现了埃及最早的关于海上民族的记载，这些记载的文字刻在塔尼斯（Tanis）和阿斯旺（Aswan）的石碑上。

碑文描述了公元前1290年拉美西斯二世与一支侵略队伍之间的一场战斗，这支队伍里有野蛮且很难对付的施尔登人（Sherden）；他们驾驶着战船从海中招摇过市，无人能抵挡住他们。随后的战斗发生在尼罗河三角洲，拉美西斯取得了胜利，他消灭了地中海上的海上民族。有趣的是，拉美西斯让许多被俘的施尔登战士参与了公元前 1274 年对抗赫梯人的卡迭石战役。此次战役赫梯人与海上民族首次交锋，开启了两方日后交锋作战的先河。

公元前 1210 年，海上民族再次攻击埃及。拉美西斯的儿子法老麦伦普塔赫记述了邻近的利比亚人和他们的盟友卢卡人（Lukka）、施尔登人、谢克莱什人（Shekelesh）和异域海上的阿卡瓦沙人（Akawasha）对埃及的攻击。

碑文中记载了麦伦普塔赫的叙述："可恶的、堕落的利比亚酋长麦瑞（Meryey）带着他的盟友施尔登人、谢克莱什人、阿卡瓦沙人、卢卡人、特雷什人和精兵强将来到了埃及。随他一同前来的还有他的妻子和他统管军营的孩子，他已经到达西边的地界了。"

尽管被攻击得措手不及，麦伦普塔赫还是在一天之内就击退了入侵者，并杀死了对方六千多名战士。麦伦普塔赫声称，海上民族的军队里有妇女、儿童、牛和马车，这再次暗示了他们是四处迁徙的移民，而不仅仅只是袭击者。在战斗中俘获的九千五百名俘虏里，有平民也有士兵，他们中有迈锡尼的难民吗？

拉美西斯二世的塔尼斯石碑上有埃及最早关于海上民族的记录。

海上民族都有谁

学者们对这些难以捉摸、基本没有记载的海上民族的身份仍有争议。受到海上民族入侵的埃及人给这些海上民族冠以名字,他们称海上民族为达奴人(Denyen)、腓力斯丁人(Peleset)、谢克莱什人、施尔登人、特雷什人(Teresh)、阐卡尔人(Tjekker)、万舍斯人(Weshesh)、卡基沙人(Karkisha)、卢卡人、图尔沙人(Tursha)和阿卡瓦沙人,这些人来自安纳托利亚、叙利亚、塞浦路斯、巴勒斯坦、腓尼基、萨丁尼亚(Sardinia)、西西里和希腊。有人提出,阿卡瓦沙人就来自迈锡尼,我们很容易将这个名字与荷马笔下的阿开奥斯人相比较。有没有可能是心怀不满的迈锡尼战士在自己的城邦沦陷后加入了海上民族,去寻找战利品和新的土地?

埃及浮雕上对海上民族的描绘显示,和其他民族相比,他们的武器和盔甲和迈锡尼人的类似。不过,我们知道海上民族装备了新的武器,包括小圆盾、轻型投掷矛和用于刺杀和砍杀的长剑。其中一些剑由铁制成,铁这种材料在铁器时代占据主导地位,它的使用淘汰了铜。

有了先进的武器装备,海上民族在地中海东部的城市周围航行,进行袭击和破坏。令人不解的是他们这样做的动机:是为了战利品和奴隶,还是有更紧迫的东西驱使他们?据载,海上民族的男人常和女人、孩子一起出行,这意味着他们是四处流动的移民,很可能是因自己家乡有难或遭到破坏而流离失所的难民。但有些海上民族就只是海盗,比如来自安纳托利亚的卢卡人,他们经常袭击塞浦路斯和腓尼基。

事实上,在不同时期,海上民族可能包括不同的群体,有着不同的目的。他们团结在一起,攻击能力惊人,在地中海沿岸只有古埃及王国有能力抵挡住他们。

拉美西斯三世用战舰、大帆船、驳船以及满船的英勇战士打败了海上民族。

一个世纪之后，在拉美西斯三世统治时期，海上民族发起了最后一次进攻。哈布城（Medinet Habu）的法老神庙的浮雕上留下的文字和图案能让我们对这场冲突有更多的了解。浮雕上，法老描述了海上民族的情况："异国外邦在他们的岛屿上密谋。一时之间，各地纷纷在战争中四散奔逃。没有一个国家能抵挡住他们的攻击。赫梯、科德（Kode，今土耳其南部的西里西亚）、卡尔凯美什（Carchemish）、阿尔萨瓦（Arzawa）、阿拉希亚（Alashia），他们都被打败了。"碑文写道：

他们手举火把，向埃及前进。腓力斯丁人、阐卡尔人、谢克莱什人、达奴人和万舍斯人都是他们的盟友。他们的土地加在一起用手丈量，可绕地球一圈。他们自信满满，计划周密。现在，众神之主，我准备好了，我借助你的力量，将他们像野鸡一样困住。神赐予了我力量，我的计划进行得很顺利。我走上前去指挥，在敌人到来之前，部署好边境。我催促酋长、步兵队长、贵族们在河口调度好战船、大帆船和驳船，让河口像一道墙一样坚固。从船头到船尾都有英勇的战士手持武器，战士就像狮子在山顶咆哮,他们也都是埃及最优秀的士兵。驾战车的勇士和所有出色的指挥官都已准备就绪。他们的战马四肢伸展抖动,准备将各国士兵踩在脚下。我,拉美西斯三世国王,是一个天生的大英雄,我知道自己的本领,我将英勇地领导军队作战。

——拉美西斯三世,哈布城石碑文

随后又发生了两场战斗,一场在陆地,一场在海上。哈布城浮雕上的图像表明,敌方队伍中的妇女、儿童和牛都被卷入了战斗之中,混乱不堪的战争场面让入侵者遭到了伏击。拉美西斯三世将战车开进了混战的中心地带,给了敌人致命一击,轻易地击败了敌人。海上战斗取得了更大的胜利,当时海上民族被困在他们的船上,随后船被掀翻了。拉美西斯三世描述了这场战斗:

到达我地盘上的人,他们会断子绝孙,永远从这个世界上消失。河口前的士兵,他们面前是熊熊的大火,我方士兵的盾甲像一面金属墙一样包围着他们。他们被我们拖拽打倒,压在沙滩上;大

埃及卢克索(Luxor)的哈布城浮雕描绘了海上民族的形象,他们败于拉美西斯三世手下。

帆船从船头到船尾到处堆满了他们的尸体，他们所有的东西都被我们扔到海里去了。我奋力一战，扭转了局势，让世人都记住了埃及；当敌人在他们的国度上提到我的大名时，愿它能震慑住他们，而我头戴蛇形的冠冕，像太阳神一样坐在宝座上。各国休想打埃及的主意……至于那九个帮凶，我已夺了他们的土地，占为己有。他们的首领和人民都已对我俯首称臣。

——拉美西斯三世，哈布城石碑文

拒不俯首称臣的酋长被拉美西斯三世立即处决了，参与战争的各国首领也都被处决，以儆效尤。然而，士兵和他们的家人却得到了赦免，他们中的许多人在埃及边疆分得土地安顿了下来，这样的安置是为了让他们阻止其他野蛮人的进攻。

拉美西斯三世对海上民族作战与后者对迈锡尼、安纳托利亚和叙利亚发起攻击几乎同时。正如拉美西斯三世自己所言，没有一个国家能抵抗得了海上民族的攻击。在公元前1200年和公元前

埃及卢克索的哈布城陵庙上的拉美西斯三世雕像。

1180 年之间，越来越多的地方落入了海上民族之手，如科德的梅尔辛（Mersin）和塔尔苏斯（Tarsus），阿尔萨瓦王国，叙利亚的卡尔凯美什城以及塞浦路斯的阿拉希亚王国。

叙利亚乌伽里特（Ugarit）国王阿穆拉比（Ammurapi）书写的泥板上也有对类似攻击的详尽描述。这些令人绝望的信件记录了"七艘船舰"带来的压倒性攻击。一座城市可以被这样一个看似很小的队伍攻陷，这说明在青铜时代后期文明的脆弱性。一次天时地利的攻击就可以使整个王国从地图上消失。

阿穆拉比泥板上的文字显示该地区本身存在的动荡比海上民族所带来的动荡更剧烈。文字显示，安纳托利亚的西里西亚遭受歉收和随之而来的饥荒后，阿穆拉比一直在向该城市输送粮食。阿穆拉比对该地的援助已经持续了几十年。法老麦伦普塔赫也曾向赫梯人提供粮食，以保证赫梯人民的生存。

现代气候学家的研究表明，当时整个安纳托利亚和爱琴海都出现了大规模的干旱。赫梯和迈锡尼都受到了天气的影响。这让我们想到希腊古典时期历史学家希罗多德，他谈到特洛伊战争后克里特岛爆发了瘟疫和饥荒，使得该岛几乎无法居住。

随后，麦西尼亚（Messenia）和安纳托利亚中部地区的人口都开始减少，这说明发生了大规模的人口迁徙，干旱、饥荒、瘟疫和暴力使得人们收拾行装开始远行，去寻找新的地方定居。海上民族或其他掠夺性的野蛮人群体——可能包括色雷斯人、多利安人（Dorians）、卢维人（Luwians），甚至还有

公元前 14 世纪赤陶杯上写有腓尼基字母表。

迈锡尼人，肯定会趁着不利的大局势来攻击越来越脆弱的城邦。

地中海沿岸的"超级大国"曾趾高气扬地将其他伟大文明的领导者视为兄弟，与他们保持通信，但这些"超级大国"的结局都十分凄惨。赫梯人曾向埃及发起进攻，并在数千块楔形文字泥板上详细记录了其外交信函，但赫梯人的国都哈图沙在公元前1200年左右被彻底摧毁。在哈图沙陷落之前，我们看到其城内也修建了和迈锡尼宫殿相似的防御工事，建造了巨大的库克罗普斯式城墙和外围堡垒来接收消息情报，应对武力入侵。

苏庇路里乌玛二世（SuppiluliumaⅡ）是赫梯已知的最后一位国王，他果断下令修建防御工程，但最后却是枉费了一番功夫。战争快速且惨烈地袭来。席卷哈图沙的大火摧毁了宫殿和皇家卫城、上城和下城的寺庙，还有低处的房屋。

然而，哈图沙不太可能进行过最后的抵抗：考古证据表明，该城在被夷为平地之前就被遗弃了。或许苏庇路里乌玛二世收到了迈锡尼沦陷的信件，于是下令迁都。如果确实是这样，青铜时代最伟大帝国之一的国王走上了一条与埃涅阿斯相似的道路，成为一群流亡、无国籍人民的领袖。

阿穆拉比泥板

与皮洛斯的线形文字B泥板一样，乌伽里特的阿穆拉比泥板也躺在城市的窑中，未被送出窑外。然而，这些泥板并不是在窑里烤出来的，而是被那场将城市夷为平地的大火烧出来的。阿穆拉比泥板上的最后一封书信内容如下：

我父阿拉希亚王，你看啊，敌船已到，敌人烧毁了我的城，在这里为非作歹。我父岂不知我的兵和战车都在赫梯国，我的船都在吕西亚，……这样一来，我的城就要自生自灭了。愿我父知道：当您的仆人传来话时，七艘敌船已经登陆，让我方损失惨重……进攻敌方人数未知……不管您有什么武器，都找来给我。看啊，敌人在攻击我，但我必不抛弃我的妻儿……赫梯人成败与否，我都传信给你……敌人抢走了打谷场上的粮食，毁了葡萄园。我们的城被毁了，愿您知道。

——阿穆拉比泥板，乌伽里特

重回起点的希腊

希腊的黑暗时代使希腊回到了起点,人口减少,城镇变成了村庄,他们的世界变小了,变成了一个封闭孤立的地方。几个世纪过去,文明才从黑暗中走了出来;接着希腊出现了新城邦,再后来马其顿和罗马帝国崛起了。在腓尼基人的些许帮助下,希腊从公元前10世纪开始悄然复兴。

克里特岛和罗得岛(Rhodes)等地的定居点开始进行新兴工艺品的贸易,如陶器和珠宝。渐渐地,希腊人建立了东起叙利亚、西至意大利的贸易网格,繁荣随之而来,人口也在增加。到了公元前8世纪,大约是荷马时代,希腊进入了古风时

期，这一时期介于黑暗时代和公元前 5 世纪的希腊古典时期之间。希腊人搬离了黑暗时代居住的农业地区，进入到了城邦生活。

希腊古风时期在经济、文化和政治上为希腊古典时期奠定了基础。希腊字母是在古风时期发展起来的，荷马的《伊利亚特》就是用它写成的。古风时期和《伊利亚特》都给希腊人提供了机会，让他们去思考要建立一个怎样的社会。特洛伊一直是有序、文明的城邦，它与迈锡尼的野蛮形成了对比，迈锡尼人为了一己之利争夺领导权和战利品，彼此之间相互对抗。荷马对迈锡尼人在许多方面的描述，就是对希腊在古典时期过后未来可能遇到的麻烦的预示和警告。他们的城邦能否避免重蹈迈锡尼人的覆辙，迈锡尼是一个由贵族和国王领导的文明，他们需要稳定的财富供应来支持他们的宫廷生活。在《伊利亚特》中，当希腊联军正在辩论是继续围攻特洛伊还是返回希腊时，迈锡尼国王的非民主统治受到了一个名叫瑟赛蒂兹（Thersites）士兵的质疑。

在荷马笔下，瑟赛蒂兹是一个长相怪异、愤愤不平的迈锡尼平民。特洛伊城前的所有人中，他是最丑陋的。他双腿弯曲，瘸了一只脚，双肩鼓鼓地耸在胸部，小小的脑袋顶上只有稀稀拉拉的几缕头发。尽管他面相丑陋，但他有勇气站出来，用他那尖锐的声音向上层提出异议，而不是被动地接受对方准备实施的任何决定。

在荷马笔下，瑟赛蒂兹是一个长相怪异、愤愤不平的迈锡尼平民。特洛伊城前的所有人中，他是最丑陋的。

赫梯的首都哈图沙遗留下来的只有一片废墟。

阿伽门农，你还有什么不满，你还想要什么？你的帐篷里堆满了青铜和美丽的妇女，每当攻下一个城，我们就把战利品交给你们挑选。你要更多的黄金吗？我或者其他的阿开奥斯人会去俘虏特洛伊人的儿子，特洛伊人就会给你送来赎金。还是你要找一个年轻女子，私藏起来同床共枕？你身为阿开奥斯人的统帅，把我们带入这样的苦难中实在不妥。软弱的懦夫们，你们是女人，不是男人，让我们启程回家吧。

——荷马，《伊利亚特》，第二卷

瑟赛蒂兹随后遭到了奥德修斯的严厉斥责，他呵斥道："你有什么资格和国王争论，就凭你？"他用棍子痛打对方，打到这个士兵痛哭起来。

这是一个关键却容易被忽视的时刻，这一刻预示了希腊和罗马的未来命运，这是一个独裁者和一个更民主的治理形式之间的冲

公元前5世纪，写在羊皮纸上的《伊利亚特》希腊文手稿碎片。

突。荷马史诗展示了英雄时代的权力和残暴，也展示了当普通人的命运被置于国王暴政之下时所发生的事情。

黑暗时代维持希腊人口生存的农业社会现在正在分裂，人们开始向新的城市中心迁移，从部落生活转向更高级的社会生活；为了个人发展和私有财产，村社被遗弃了。哲学家亚里士多德（Aristotle）说人是一种政治动物，他的意思是人是一种居住在城邦中的动物。

赫西俄德的哀叹

赫西俄德是继荷马之后希腊古风时期的又一伟大诗人，他也是一位批评家，对铁器时代社会性质的变化直言不讳。在《工作与时日》（Works and Days）一书中，他歌颂了农村生活，提出田间劳作的重要性以及进城生活后希腊人的腐败。赫西俄德哀叹时代的变化，并恐吓说，宙斯会对那些犯下暴行和恶行的人进行处罚。赫西俄德继续说："只关心权力和财富积累的腐败分子将取代诚实和善良的人，现在这确实是一场毅力的比赛。"赫西俄德用老鹰和夜莺的寓言强调了他对城邦所存在隐患的看法：

鹰对脖子上有斑点的夜莺说："现在我要为王子们讲一个他们熟悉的寓言。"他边说边用爪子紧紧地抓住夜莺，飞到高高的云层中。夜莺被鹰弯曲的爪子抓伤，可怜地哭了起来。此时，鹰对夜莺不屑地说："可悲的东西，你为什么要哭？现在有一个比你强壮得多的人紧紧抓住你，尽管你是个女歌星，无论我把你带到哪里，你都得去。如果我愿意，我可以把你吃了，也可以放你走。不自量力、螳臂当车的人是个傻瓜，除了羞愧之外他还要承受痛苦。"

——赫西俄德，《工作与时日》

城邦政治

当城邦作为政治中心兴起时，少数精英（被称为hoi oligoi）与多数人之间这一由来已久的关系问题就变得非常棘手。通常情况下，城邦由有能力的独裁者建神话中的英雄忒修斯杀死了牛头怪弥诺陶洛斯（Minotaur），此刻，他站在他的战利品面前。

立，他能够抵御邻近对手的进攻。因此，雅典娜选择神话中的英雄、杀死牛头怪的忒修斯（Theseus）作为雅典建国的国王并不足为奇。

与之前的迈锡尼城邦一样，希腊的城邦也建在高处具有战略意义的位置上，这样能对周围的农业用地一览无余。每个城邦的最高点都有一个防御严密的城堡，城邦人口从一千到一万不等，较大的城邦有雅典、斯巴达、科林斯和阿尔戈斯等。

亚里士多德认为，城邦是社群的最高形式，城邦生活远比农民或村民的私人生活更文明。他在自己的《政治学》（*Politics*，或名《城邦之事》）中宣称，城邦的任何公民都能够参与城市管理。他继续谈道，大多数人都

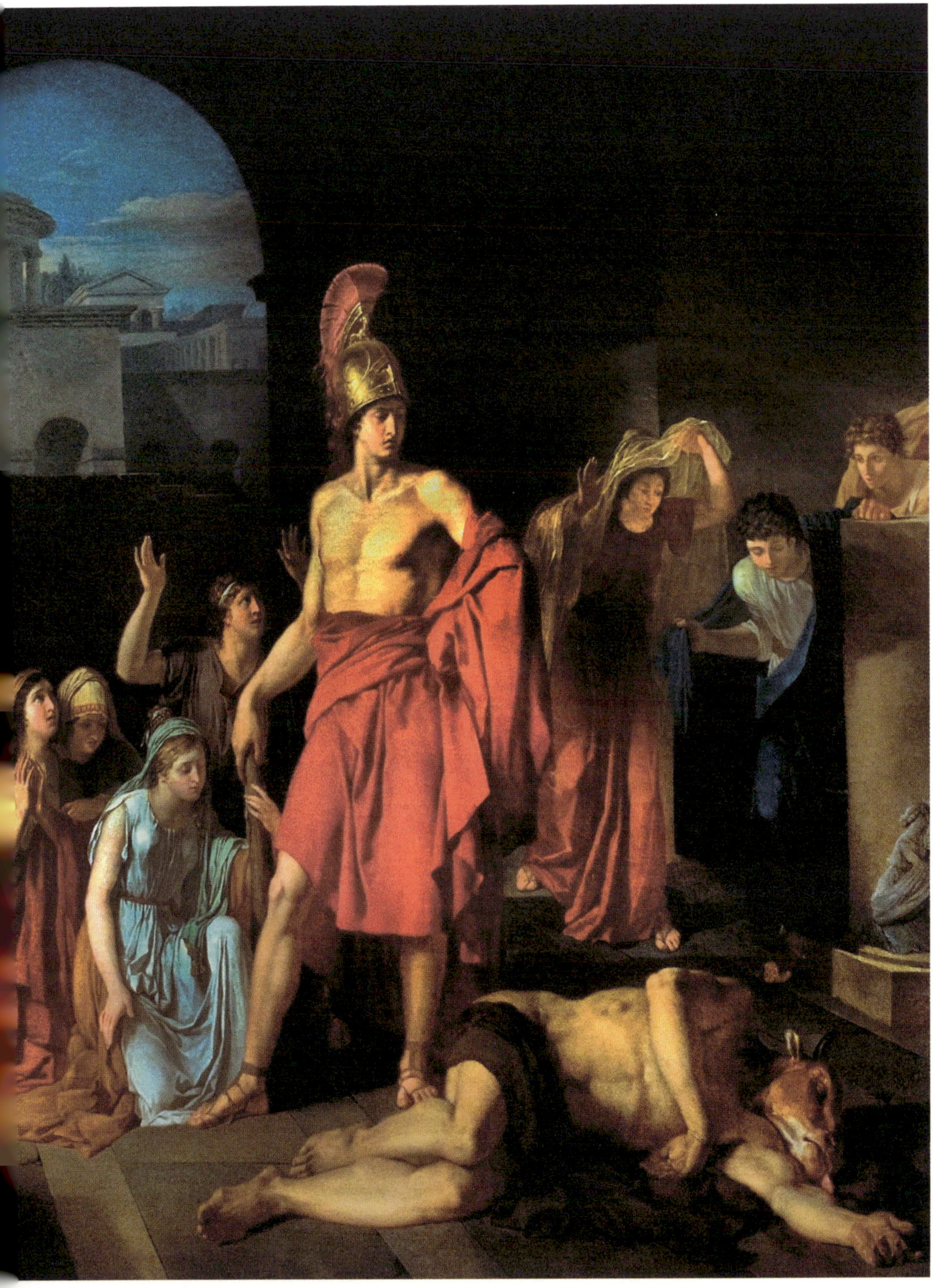

能胜任这一角色。城邦当然不只是一个贸易和与人共处的地方,也是一个能造就政治家的地方。

虽然希腊古典时期的先哲对人的自由与统治者及政府的作用有过争论,但在古风时期,人们对这一问题在实践中应如何运作几乎没有达成共识。到了公元前8世纪,国王不再是大多数城邦的统治者,相反城邦采用了一些其他的统治形式。通常的形式是由富有的精英寡头统治,这些精英担任了以前由国王一人负责的个人公职。

虽然城邦的精英寡头倾向于垄断权力职位,但底层的人也有可能向上攀升。寡头必须有所作为,否则民众就会起义。公元前370年,阿尔戈斯一群不满的平民暴徒用棍子打死了他们的贵族统治者,然后推选了他们自己的民主领袖,从而获得了发言权,他们不会再像迈锡尼时代先辈那样承受权力不受约束的国王的统治。

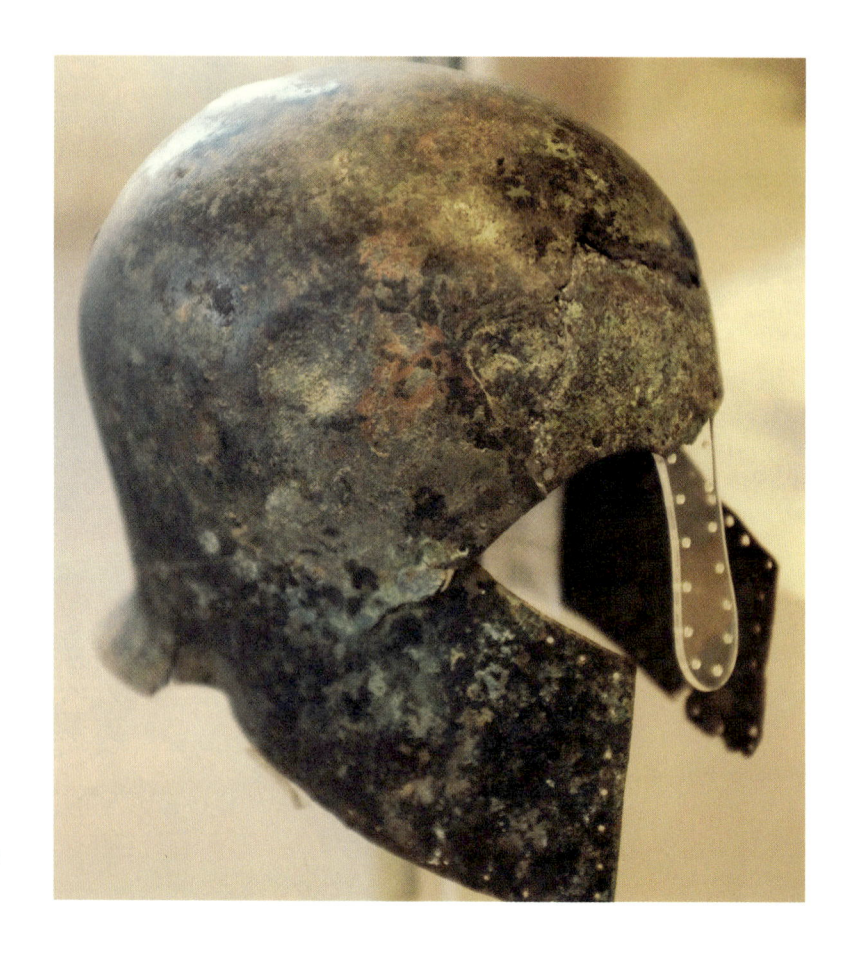

希腊古典时期的青铜头盔。

装甲步兵

铁制武器和新的战斗技术加强了所有城邦的平等理念。军队的主力是装甲步兵（Hoplite），即一种公民士兵，他们和战友们在一个紧密的方阵队形中并肩作战。方阵的盾牌重叠在一起，他们作为一个整体小心翼翼地向前移动，碾压敌人，并从盾墙的缝隙中刺出他们的长矛。这是一种非常有效的战术，很快被所有希腊城邦采用，后来罗马军队也开始效仿这种战术。

装甲步兵与阿喀琉斯这样傲慢的贵族勇士截然不同，尽管阿喀琉斯的英勇肯定仍是众人努力的目标。有了装甲步兵，一个城邦就不需要供养一支常备军，也不需要在与邻近城邦作战时招募雇佣兵。装甲步兵会对某个特定的城邦产生强烈的忠诚感，因为城邦让自己拥有了公民的身份，归属并依赖这里，为城邦而死成为一种责任。

亚里士多德指出，装甲步兵的崛起也让希腊的社会竞争环境变得更加公平，作战阶层掌握了权力。亚历山大大帝和尤利乌斯·恺撒（Julius Caesar）后来都是这一简单理念的伟大倡导者。

伯罗奔尼撒战争中的装甲步兵。

城邦外交

到了古典时期，希腊诸城邦已经变得各有特色。一个城邦的特色往往以它的反面来定义自己——例如，雅典不是斯巴达。两者的政治体制有所不同：斯巴达由两个国王、一个长老会议和一个公民大会统治，互相之间很难达成共识；雅典创造了著名的男性多数统治制度，这是一种早期的民主形式。斯巴达的士兵过着苦行僧式

作为苏格拉底的学生和亚里士多德的老师,柏拉图是希腊古典时期杰出的哲学家。

的生活,但他们以此为荣:体弱瘦小的男婴一出生就被扼杀,其他男孩则从七岁开始就被送上训练场。相比之下,雅典创建了哲学、艺术和文学的伟大传统,许多公民通过贸易和私营经济变得富有。

柏拉图指出,希腊城邦之间会相互开战,而不是寻求和平共处:经常谈到的"和平"仅是一个词汇而已,事实上是各国之间根据自然的法则都在长期交战。对于雅典这样的城邦来说,斯巴达只是一个对手,没有必要成为朋友。然而,外部敌人的威胁曾一度促成希腊人的团结。

希腊走出黑暗时代时,曾在赫梯人统治下的东部地区几经易手,不同帝国在这里建起又覆灭。但每一个帝国如亚述、巴比伦和米底,与波斯相比都相形见绌。到公元前 500 年,波斯帝国的版图横跨亚洲、非洲、欧洲三大洲,成为当时世界上最大的帝国,它将目光投向西边的希腊邻国只是时间问题。

希腊和波斯之间史诗般的斗争故事始于公元前 499 年,著名的波斯国王大流士(Darius)和薛西斯(Xerxes)对希腊人发起远征。希腊人在其古代历史上第一次也是唯一一次联合起来对抗波斯人。此次战争的战斗细节为人所知：三百名斯巴达人在塞莫皮莱山口与波斯人战斗，希腊联盟和波斯帝国在萨拉米斯（Salamis）进行海战，波斯军队洗劫、烧毁了雅典。最终，希腊人战胜了波斯人，但他们的团结并没有持续多久。

热爱希腊一切事物的亲希腊者常常感到困惑，他们不理解古典时期的希腊人在战胜波斯人后为什么无法形成稳定的政治和经济联盟。相反，为对抗波斯人而成立的提洛同盟（the Delian League）却成为希腊一方的败笔。该同盟的成员同意定期向雅典上交税赋作为防御资金，用以日后抵御外来侵略。然而，随着雅典日益强大富有，这笔钱只会造成同盟内部的矛盾。

很快，雅典就扮演起了希腊警察的角色：新的殖民地和驻军被战略性地安置在希腊岛屿周围；当联盟中的城邦行为越界时，

公元前4世纪，亚历山大大帝攻占波斯前帝国的疆域。

218　特洛伊

第七章　破旧而出的新文明　　219

在公元前480年萨拉米斯海战中，强大的希腊舰队与波斯舰队展开了对抗。这是历史上第一次大海战，希腊一方最终获胜。

雅典就会对其动用暴力。斯巴达感受到后起之秀雅典的威胁，愈发担忧自己城邦的安全。城邦间的一场重大冲突，即后人所称的伯罗奔尼撒战争，已是箭在弦上了。

最后，这场战争持续了六十多年，席卷并且几乎摧毁了希腊的每一个城邦。它结束了希腊的黄金时代和不同类型的伟大政治实验。这次大破坏过后，一位马其顿的独裁者进军希腊，将其统一为一个帝国，他就是著名的亚历山大大帝。

亚历山大和阿喀琉斯

亚历山大在希腊北部长大，这地方远离雅典、斯巴达和科林斯这些文明的城邦，在希腊人眼中是一个荒蛮落后的地方。对于一个来自古典时期、居住在城邦中的希腊人来说，去马其顿就像回到了过去，回到了《伊利亚特》中所描述的战士国王时代。这是因为马其顿人接受了希腊的文学和传统，但并未接受其政治体系。马其顿人由部落组成，归专制者统治；他们擅长骑马、打猎和战斗，就像曾经的迈锡尼人那样。亚历山大的性格与阿喀琉斯如出一辙也就不足为怪了。亚历山大十分喜爱《伊利亚特》，所以他著名的老师亚里士多德准备了一份该史诗的副本放在他的枕头下。

《伊利亚特》对年轻的亚历山大起到了指导作用，他入侵波斯帝国并征服了从今天土耳其到伊拉克的大片土地，但于三十二岁时去世。在达达尼尔海峡下船时，亚历山大确信自己是第一个征战到亚洲的人，就像希腊人普洛忒西拉俄斯（Protesilaus）是第一个攻打特洛伊的人。他还特意参观了所谓的阿喀琉斯的坟墓：

一到亚洲，他（亚历山大）就去了特洛伊城，向雅典娜献祭，并向希腊军队的英雄们奠酒……他还说，阿喀琉斯很幸运，他生前有忠实的朋友，死后有伟大的诗人来歌颂他的事迹。

——普鲁塔克，《普鲁塔克的生活》

普鲁塔克提到的"朋友"当然指的是帕特洛克罗斯。同帕特洛克罗斯和阿喀琉斯一样，许多人认为亚历山大与他的战友赫菲斯提安（Hephaestion）也是同性恋关系。赫菲斯提安死后，亚历山大一直没有走出阴影，在不久之后于公元前323年去世。

亚历山大和他心爱的赫菲斯提安在一起。

亚历山大大帝参观所谓的阿喀琉斯坟墓

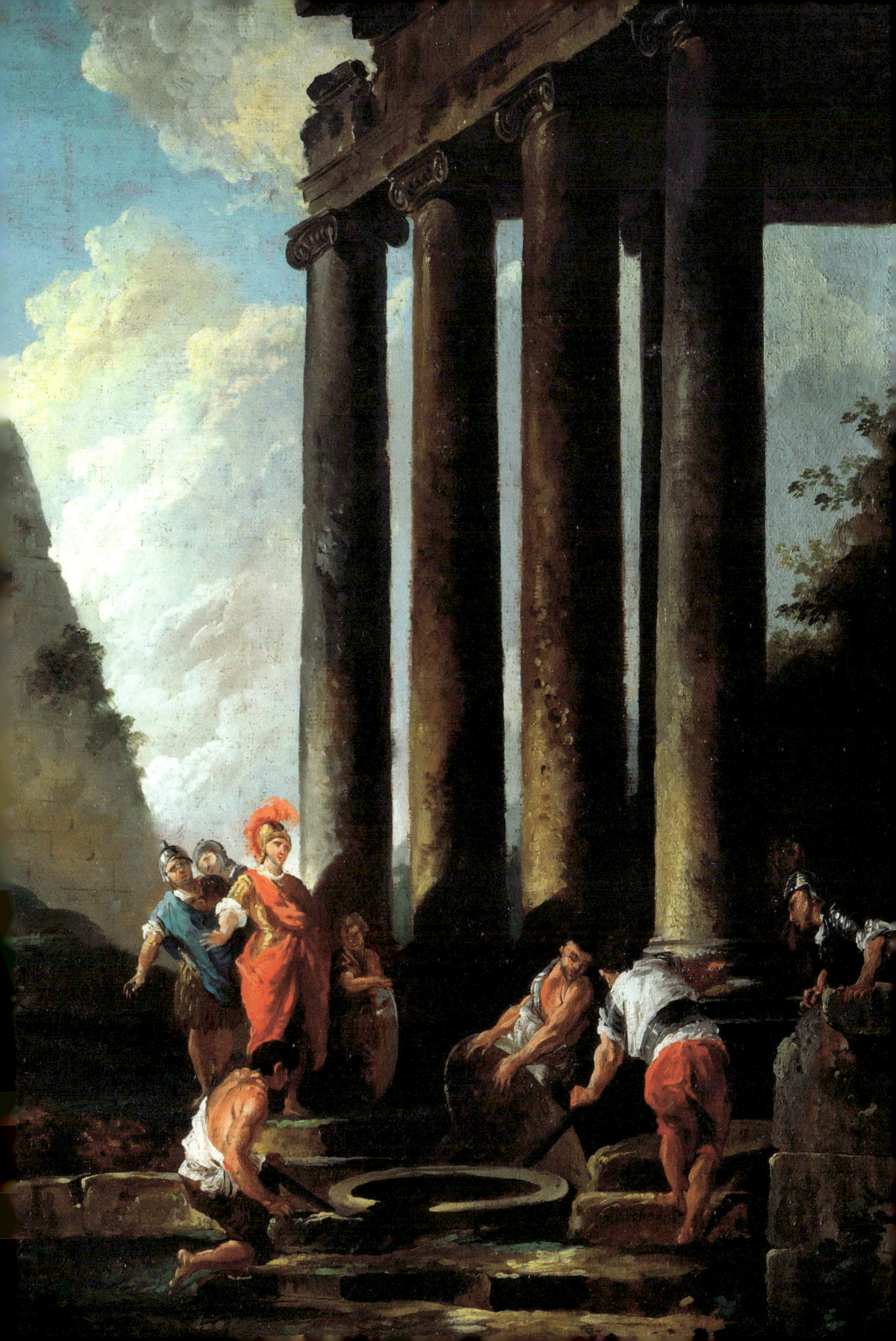

走进埃涅阿斯的罗马

亚历山大把自己想象成荷马史诗《伊利亚特》中伟大的阿喀琉斯，他成功地将希腊统一并扩展为一个军事帝国。罗马人十分擅长独裁统治，他们一贯推崇希腊在艺术、文学和哲学方面的成就，但在其他领域，他们认为自己比希腊更胜一筹。罗马人"虔敬"理念中的重要一点是对罗马始终忠诚甘于奉献，即对家庭、国家和神灵负有责任。

根据维吉尔的说法，"虔敬"的活代表就是罗马的创始人埃涅阿斯。在《埃涅阿斯纪》中，"虔敬的埃涅阿斯"这个词被重复了二十次。诗中描述称，埃涅阿斯对他的人民有强烈的奉献精神，在特洛伊城被攻陷后，他发誓要为了他们再次战斗，否则就死不瞑目。维吉尔将埃涅阿斯描绘成一个具有自制力和爱国奉献精神的英雄。作为一个将罗马带向伟大的领袖，埃涅阿斯创造了一个能统治和影响世界的大国。

维吉尔的伟大诗篇也为他的赞助人奥古斯都领导下的罗马帝国提供了意识形态章程。他的诗以特洛伊为主题，

伊庇鲁斯的皮洛士将军的大理石半身像，据说他是阿喀琉斯的直系后裔。

不断回顾希腊史诗，甚至详细到荷马话语的回述，但他的书完全是为了罗马所作。埃涅阿斯这么做完全符合他的目的，因为这位罗马的创始人是特洛伊大屠杀中的幸存者，因此罗马人认为和野蛮的迈锡尼人相比，特洛伊人显得文明开化。目前还不清楚这种看法究竟是什么时候成为共识的，但在公元前280年，这种看法变得尤为盛行，因为当时伊庇鲁斯的皮洛士，也是亚历山大大帝的第二个表弟，声称与阿喀琉斯有血缘关系，他入侵了意大利地区，将罗马称为下一个特洛伊。

作为一个有经验的将军，皮洛士带上埃及托勒密二世（Ptolemy II）给他提供的战象，试图建立一个比肩他的表兄亚历山大的帝国。

著名的迦太基将军汉尼拔（Hannibal）也曾用战象攻击过罗马，他认为自己是那个时代继亚历山大之后最伟大的军事家。皮洛士很快就证明了自己有能力向罗马进攻，在意大利地区与罗马军团的战斗中，他取得了几次胜利。然而，罗马人进行了强有力的反击。尽管皮洛士在战争中一直获胜，但他也损失惨重（因此被称为"皮洛士式胜利"）。在公元前279年阿斯库路姆（Asculum）战役中，皮洛士获胜了，但他的三千五百名精锐部队在对阵六千名罗马军团士兵时，损失殆尽，之后他发表了著名的言论："如果再取得对抗罗马人的胜利，那我们将被彻底灭掉。"

最终，皮洛士被赶出了意大利。他的军队受到了西西里人的雇佣，因为对方需要一个强大的军事家来打败占领他们岛屿西部的迦太基人。但在皮洛士成为西西里岛国王后，他让岛上的居民非常不满，所以西西里人最终与迦太基人签订了协议。皮洛士别无选择，只能返回希腊。

公元前279年，共和时代的罗马人还不知道汉尼拔，但在六十多年后，最具威胁性的迦太基人将跨越阿尔卑斯山，入侵意大利的大部分地区。像之前的皮洛士一样，汉尼拔也会败下阵来，但世人不会遗忘也不会原谅迦太基人。

迦太基人成为罗马共和国最大的敌人，贵族和平民都十分痛恨他们。元老院议员演说家加图（Cato）每次演讲都以"必须消灭迦太基"作为结束语。公元前146年，迦太基的灭亡时刻到了，罗马人为了泄愤报复，在这一年摧毁了迦太基和希腊的科林斯城邦。同年，罗马确立了地中海（罗马人称"我们的海"）超级大国的地位。

特洛伊

皮洛士在公元前279年的阿斯库路姆战役中获胜，但他损失了三千五百名精兵强将。

皮洛士在贝尼温敦（Beneventum）战役的战斗中心处。获胜方是执政官马尼乌斯·库里乌斯·登塔图斯（Manius Curius Dentatus）率领的罗马军团。

维吉尔刻意给罗马创始人埃涅阿斯赋予了很多高尚的美德，因为他希望借此鼓励罗马的重建者奥古斯都。

然而，当罗马人在奥古斯都时代第一次读到维吉尔的《埃涅阿斯纪》时，汉尼拔及迦太基的恐怖还历历在目。书中写到，狄多女王推断她的王国和埃涅阿斯的王国之间会发生无尽的争斗，她要求在埃涅阿斯攻打她时，有人为她报仇，这时许多读者会立即想起汉尼拔。此处是其中一个将埃涅阿斯与罗马的故事联系起来的片段，更重要的是与奥古斯都本人联系了起来。几十年来，罗马一直处于罗马将领的恐怖暴政之下，是奥古斯都给罗马带来了和平。

维吉尔在写《埃涅阿斯纪》时，将所写的一些片段读给奥古斯都和他的妹妹屋大维娅（Octavia）听。他打算在公元前19年去希腊完成这部史诗，但这部史诗还未润色到令他满意的地步，他就去世了。维吉尔在遗嘱中执意要求，如果在他出版这部史诗前去世，要把手稿销毁。但奥古斯都违背了他的临终愿望，他认为这部作品是重要的罗马遗产，最重要的是，也是他本人的遗产。

《埃涅阿斯纪》借用了荷马笔下的人物，是罗马版《伊利亚特》和《奥德赛》的结合体。埃涅阿斯注定要在台伯河边建立定居点，这个定居点后来发展成了罗马城；因为罗慕路斯（Romulus）和雷穆斯（Remus）的母亲瑞亚·西尔维亚（Rhea Silvia）的关系，埃涅阿斯据说也是这两人的血缘祖先，这样一来罗马人也就成了特洛伊人的后代。

维吉尔刻意给罗马创始人埃涅阿斯赋予了很多高尚的美德，因为他希望借此鼓励罗马的重建者奥古斯都。在当时罗马恢复和平与秩序的最大希望都寄托在奥古斯都身上。埃涅阿斯的忠诚能让奥古斯都有所思考，对他也有指导意义。当然也有一些时候，诗人似乎在对罗马"第一公民"（奥古斯都巧妙地用这个皇帝的代称来称呼自己）直言。其中一个时刻是埃涅阿斯去冥界探望他的父亲，以表孝心。

在这里，安喀塞斯告诉了埃涅阿斯他的命运，说他会成为罗马的创始人，并告诉他跟随在他身边的将领谁善谁恶。安喀塞斯提醒埃涅阿斯，罗马新子民忠诚的重要性："罗马人，记住你能统治世间人民的方法，这是你仅有的方法：安抚人民，实行法治，赦免所占领土上的民众，打倒傲慢之人。"这段讲话可以看作是直接说给奥古斯都听的。

罗马荣誉

安喀塞斯描述了奥古斯都将给罗马带来的巨大荣耀："就是这个人，能给你们带来希望，他是神的儿子，他会再次将一个黄金时代带到拉丁姆（Latium），带到众神早期统治的土地上。"

作为恺撒的拥护者，奥古斯都将结束与杀害恺撒之人的内战。安喀塞斯警告说，要小心战争的幽灵卷土重来："你不要一心想着内战的艰巨性，而与国家对立起来。"相反，奥古斯都应该作为和平的守护者来统治罗马。

恺撒和庞培之间残酷的权力斗争结束了几十年的混战杀戮。经历过动荡后，奥古斯都的"和平罗马"广受人们欢迎。一些罗马政治家，如西塞罗（Cicero），曾希望再次回归共和政体，并在元老院的制约下实现更民主的统治。而恺撒的敌人在元老院里将这位罗马最成功的独裁者刺死，目的就是要实现德治。

奥古斯都与妹妹屋大维娅及妻子莉维亚（Livia）一起听罗马诗人维吉尔朗读《埃涅阿斯纪》的最新章节。

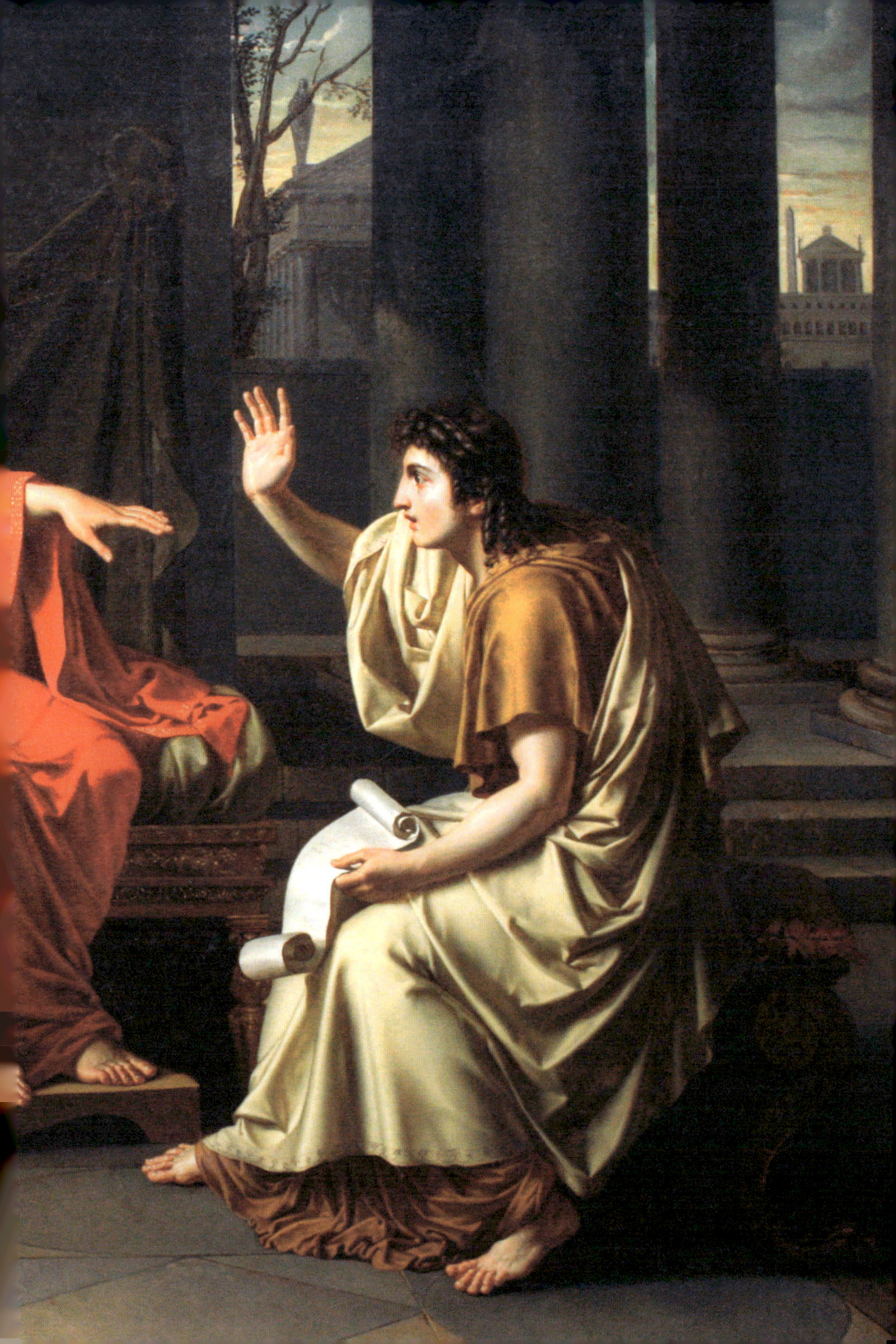

尼禄站在他死去的母亲身旁，在几次失败的尝试后，他终于谋杀了母亲。

德治在罗马一直很罕见，以刺杀恺撒来重新实施德治就变得更加不可能了，暴力反而愈演愈烈。刺杀独裁者敲响了共和体制的丧钟，恺撒死后，他的继承人奥古斯都最终赢得了建立帝国的战争，但这也仅带来一段暂时的和平。

奥古斯都之后的统治者使"罗马皇帝"一词成为颓废、堕落、自大狂和疯狂的代名词。提比略（Tiberius）、卡利古拉（Caligula）和尼禄（Nero）等人都与埃涅阿斯大相径庭：特洛伊王子埃涅阿斯是个有孝心的人，他背着父亲离开被烈火吞没的城市，而尼禄谋杀了他的母亲阿格里皮纳（Agrippina）。

最终在西哥特人的洗劫下，罗马像特洛伊一样倒下了。这个帝国不仅没有实现其创始者埃涅阿斯所宣扬的美好愿景，反而变得臃肿、腐败，最终无法持续运转下去。然而，在奥古斯都时代，理想主义者维吉尔曾一度期望罗马能不辜负埃涅阿斯对其美好的憧憬：

> 我们祖先的神，我们国家的神，罗慕路斯，维斯塔（Vesta），守护托斯卡纳（Tuscan）台伯河和罗马帕拉蒂尼山（Palatine）的母亲，请不要阻止我们的王子拯救一个毁灭的世界。我们的死去的生命已经足够偿还拉俄墨冬（Laomedon，希腊神话中特洛伊的创建者）在特洛伊干出的背信弃义之事。恺撒啊，上天因你对我们怨恨已久了，它低声告诉你应该关心人类的胜利。在人间，战争遍地，邪恶盛行，耕地劳作不再是体面之事，田地里杂草丛生。耕作的人被拉上战场，弯曲的镰刀被锻造成坚硬的剑刃：无论是幼发拉底河，还是日耳曼尼亚，到处都战火飞扬。相邻的城市因毁约而大动干戈：无情的战争在全世界肆虐。
>
> ——维吉尔，《农事诗》

这张罗马陷落图描绘了罗马被洗劫后留下的一片废墟。

让-莱昂·热罗姆（Jean-Leon Gerome）的这幅画作中，身穿长袍的恺撒倒在了地上，得手的刺客们正在欢呼。

后世影响

罗马在公元 5 世纪被西哥特人（Visigoth）洗劫一空，但特洛伊神话仍在继续，甚至在罗马真正的权力中心转移到帝国东半部和首都君士坦丁堡之后也是如此。君士坦丁大帝是第一位基督教皇帝，据说他曾想在特洛伊建造他的新首都，但最终被劝止了，其中一个原因就是特洛伊的港口早已淤塞了。

罗马人并不是唯一宣称自己是特洛伊后裔的人，许多西方国家的建国神话中都有特洛伊的故事，就连哥特人也是如此。根据卡西奥多鲁斯（Cassiodorus）在公元 551 年所著的《哥特人的历史》

(*History of the Goths*)一书,时任意大利国王的东哥特人狄奥多里克(Theodoric)声称自己有特洛伊人的血统,以此来合法化他在旧罗马大陆的统治。

法兰克人也称,他们的创始人在神话传说中是特洛伊人弗兰库斯(Francus),他是赫克托耳之子阿斯蒂阿纳克斯的后裔。根据冰岛传说,维京人也有特洛伊人的血统。根据传奇作家斯诺里·斯图鲁松(Snorri Sturluson)的说法,特洛伊勇士梅农(Menon)与普里阿摩斯的女儿生下一个孩子,这个孩子名叫托尔(Tror),即北欧之神,也是维京人的始祖。

特洛伊王室的血统在英国也得以延续,大不列颠曾遭到维京人的袭击和入侵。公元 10 世纪,威尔士教士南尼厄斯(Nennius)的作品《不列颠史》(*Historia Brittonum*)讲述了特洛伊的流亡者是如何来到不列颠定居的。不列颠这个词显然是借用了埃涅阿斯的亲属布鲁图斯（Brutus）的名字。在 12 世纪，蒙茅斯的杰弗里教士（Geoffrey of Monmouth）对此故事的重述吸引了更多人的关注。

杰弗里的《不列颠诸王史》(*History of the Kings of Britain*) 进一步充实了不列颠创始人布鲁图斯的故事，说布鲁图斯杀死父母后被逐出了意大利，之后启程去寻找新的家园。在旅途中，布鲁图斯救了一群被囚禁在希腊的特洛伊人后，偶遇了带领着更多特洛伊流亡者的战士康林纽斯（Corineus）。

与高卢人（Gauls）战斗后，布鲁图斯和康林纽斯航行到了当时还叫阿尔比恩（Albion）的大不列颠，在那里他们打败了当地的强军，康林纽斯成为康沃尔（Cornwall）的统治者。布鲁图斯继续向东前行，在泰晤士河畔找到了一座城市，他将其命名为新特洛伊（Troia Nova）。随着时间的流逝，这里之后变成了特里诺文特（Trinovantum），再之后成了伦敦。

蒙茅斯的杰弗里的作品当然是对历史的想象，但都铎王朝的国王们用它来证明自己是特洛伊人的后裔。特洛伊故事受到如此

在蒙茅斯的杰弗里的《不列颠诸王史》一书中，特洛伊人布鲁图斯乘船远航去寻找一个新的特洛伊。

追捧，以至于两千多年后，统治者仍然借用它来实现自己的政治目的。英国女王伊丽莎白一世（Elizabeth I）不仅宣称自己是埃涅阿斯的直系后裔，还是"正义"的代表。维吉尔曾经在《牧歌》（*Eclogues*）中说道，"正义"在铁器时代开始时就已经逃离了人世间；现在，"正义"以童贞女王的身份回归，成为英国黄金时代的缔造者。

托马斯·休斯（Thomas Hughes）1588年的悲剧《亚瑟的不幸》（*The Misfortunes of Arthur*）在格林尼治上演时，演出者当着伊丽莎白女王的面称赞她是"为英国幸福而生的贤惠女子，布鲁图斯的杰出后裔，普里阿摩斯之国的优秀幸存者，特洛伊春天的希望"。休斯的戏剧反映了16世纪的英国人对特洛伊十分着迷：特洛伊的故事在当时不仅流行，而且为新的故事提供了脚本。斯宾塞（Spenser）1590年出版的《仙后》（*Faerie Queen*）中，亚瑟王被告知有特洛伊血统，薄丽托玛（Britomart）发现她与布鲁图斯之间存在关系。不过，斯宾塞后来承认，"无法证明英国曾经有过一个这样的布鲁图斯"。

16世纪末，克里斯托弗·马洛的《迦太基女王狄多的悲剧》（*The Tragedy of Dido, Queen of Carthage*）和后来的《浮士德博士的悲剧史》（*The Tragical History of Doctor Faustus*）都是和特洛伊的海伦相关的著作。菲利普·亨斯洛（Philip Henslowe）提到了在伦敦玫瑰剧团上演的一部名为《布鲁图的征服与巴斯的最初建立》（*The Conquest of Brute with the First Founding of Bath*）的作品。在城市另一端的环球剧院，莎士比亚也写出了有关特洛伊主题的剧本，他的《李尔王》（*King Lear*）和《辛白林》（*Cymbeline*）写的是继布鲁图斯之后英国国王的故事；《特洛伊罗斯与克瑞西达》（*Troilus and Cressida*）改编自荷马的《伊利亚特》；《亨利五世》（*Henry V*）中有一句出自皮斯托（Pistol）之口的经典台词，他对佛罗伦（Fluellen）说："卑鄙的特洛伊人，去死吧。"

这句话在现代可能会让人费解，但在16世纪，莎士比亚可以确定每个观众都明白这句话引用特洛伊的意义。

都铎（Tudor）王朝时期，人们对特洛伊的兴趣推动了《伊利亚特》的重译。从16世纪一直到今天，对《伊利亚特》的重译一直未间断过。其中最著名的早期译本有乔治·查普曼（George Chapman）的译本和18世纪亚历山大·蒲柏（Alexander Pope）的译本。亨利王子（Prince Henry）答应资助查普曼三百英

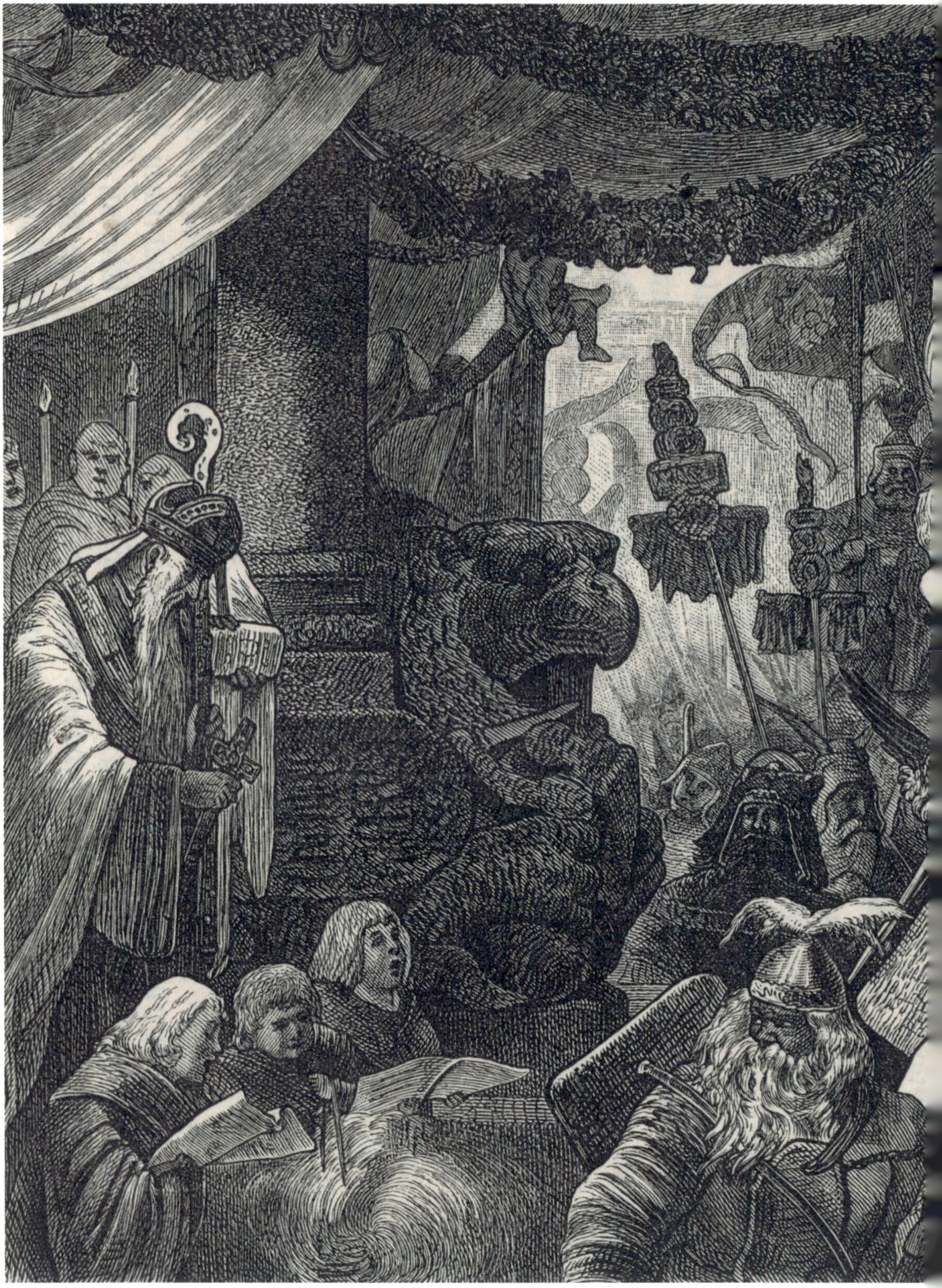

第七章 破旧而出的新文明 239

东哥特国王狄奥多里克到了罗马。到公元493年，他征服了意大利的大部分地区。

镑让他完成《伊利亚特》的翻译，但还未来得及支付这笔费用，亨利王子就去世了。蒲柏的经济状况则要好很多，他得到了两百几尼（guinea，英国旧时金币或货币单位，一几尼略高于一英镑）的巨款报酬来翻译《伊利亚特》。虽然最后蒲柏只翻译了《伊利亚特》的部分内容，并请威廉·布鲁姆（William Broome）和伊莱贾·芬顿（Elijah Fenton）帮助他完成了剩余部分，但通过图书售卖他变得非常富有。如今，查普曼和蒲柏译的《伊利亚特》首版售价高达数万英镑。

《伊利亚特》的英译本不断出现，其中理查德·拉蒂摩尔（Richard Lattimore）、罗伯特·菲茨杰拉德（Robert Fitzgerald）、罗伯特·法格勒斯（Robert Fagles）和巴里·B. 鲍威尔（Barry B. Powell）的翻译版本最受欢迎。荷马史诗仍然热门，从中仍有利可图。《伊利亚特》《奥德赛》和《埃涅阿斯纪》这些史诗的新译本仍然卖出数百万套，由此足见特洛伊的影响力。特洛伊被围困和洗劫的故事仍然是西方文学和文化基因中的一部分。

在这幅 1475 年的画作中，亚瑟王和骑士在圆桌会议上看到圣杯的样子。

> ### 从埃涅阿斯到亚瑟王
>
> 在蒙茅斯的杰弗里的《不列颠诸王史》中,英国国王亚瑟也是特洛伊人埃涅阿斯的后裔。14世纪的骑士诗《高文爵士和绿衣骑士》(*Sir Gawain and Green Knight*)讲述了亚瑟王传说中最著名的故事,诗中也再次提到了亚瑟的身份:
>
> 特洛伊遭到围攻和袭击,城市被摧毁,烧成了灰烬。审判了叛徒后,高贵的埃涅阿斯和他的亲属出海寻找新的家园,他成为几乎所有西部岛屿的领袖和庇护人。之后,罗慕路斯建立了罗马(并以自己的名字命名该城,这个名字沿用至今);蒂修斯(Ticius)到了托斯卡纳;朗格巴德(Langobard)在伦巴第(Lombardy)建起了住宅;菲利克斯·布鲁图斯远渡重洋,建立了不列颠王国,自此那里常有战争、废墟、奇迹、幸福和快乐。在这个不列颠王国里发生的英勇事迹比任何其他国家都要多。但我听说,在所有的英国国王中,亚瑟王是最英勇的,因此我要讲一个在他所处的时代发生的一场奇妙冒险。
>
> ——《高文爵士和绿衣骑士》

当代观点

当今,整个学术界都致力于研究荷马和维吉尔的作品,还有人潜心探索迈锡尼、特洛伊和赫梯的考古遗址。

关于特洛伊的书籍数不胜数,包括小说、插画版长篇小说、历史传奇和纪实作品。流行文化中也有许多关于特洛伊的内容,如鲍勃·迪伦(Bob Dylan)的歌曲《临时工阿喀琉斯》(*Temporary Like Achilles*),齐柏林飞艇(Led Zeppelin)乐队的《阿喀琉斯的最后一站》(*Achilles' Last Stand*),电子流行乐队暗潮(Crüxshadows)还发行过一整张关于特洛伊的专辑。

在电视剧方面,也利用特洛伊经久不衰的热度大做文章。《神秘博士》(*Doctor Who*)中的博士曾经乘坐飞船突然出现在特洛伊,向希腊人献上了木马计;《战士

莎士比亚的《特洛伊罗斯与克瑞西达》中的一幅插图，此剧本的创作基于《伊利亚特》一书。

公主西娜》（*Xena, Warrior Princess*）中的主人公到了特洛伊，来帮助她的"朋友"海伦；2017 年的迷你剧《特洛伊：陷落之城》（*Troy: Fall of a City*）用八集的篇幅讲述了特洛伊的故事；更早的一部迷你剧《特洛伊的海伦》（*Helen of Troy*）已在 2003 年上映。

搬上银屏的特洛伊电视剧中有大量与传说不符合的情节，这引起了学者和特洛伊传说爱好者的共同不满。比如，迷你剧《特洛伊的海伦》是为了蹭 2004 年史诗电影《特洛伊》的热度而迅速炮制的，此剧的故事设定在希腊古典时期，而非青铜时代。影片《特洛伊》是受《伊利亚特》一书启发而制作的，但在其制作时不再追求与荷马史诗或历史传说保持一致，因为这些都是电影制作的阻碍。这部电影中根本没有众神的影子，墨涅拉奥斯和阿伽门农这两个重要角色在影片中被杀死；影片播放时还出现了秘鲁大羊驼经过市场这一穿帮镜头。

重现特洛伊故事的作品常常遭到人们的诟病，尤其是好莱坞的作品。然而，这些各种形式的作品都已经成为流传两千八百年的特洛伊故事的一部分。特洛伊故事被改编过，被扭曲过，有时甚至变得面目全非，但它不会失传或消亡，尽管被无休止地粗暴对待。事实上，最令人难忘的往往是那些与荷马史诗原著偏离较大的创作。

比如，英国诗人克里斯托弗·洛格（Christopher Logue）创作的《伊利亚特》是一部现代不完美的作品，书中故意为之的不合时宜的隐喻和古怪的语言运用令原著爱好者大为反感。洛格在书中滥用了很多非同寻常的现代英语词汇，包括广告标语，比如他用口红的广告语"整天保持红色"来描述战斗的血腥场面。但他这一作品的影响力是不可否认的，洛格说得没错，只有用伟大的诗歌才能译出伟大的荷马史诗。

荷马史诗将继续激励着优秀诗歌的创作，就像它催生了良莠不齐的电影和平平无奇的戏剧一样。但无论结果如何，我们还是无法将双眼从《伊利亚特》上挪开。正如洛格所言，阿喀琉斯头盔的光芒"穿越三千年仍然光耀夺目"。

亚历山大·蒲柏译作《伊利亚特》中的片段，潦草地写在一张明信片上，留给后人。

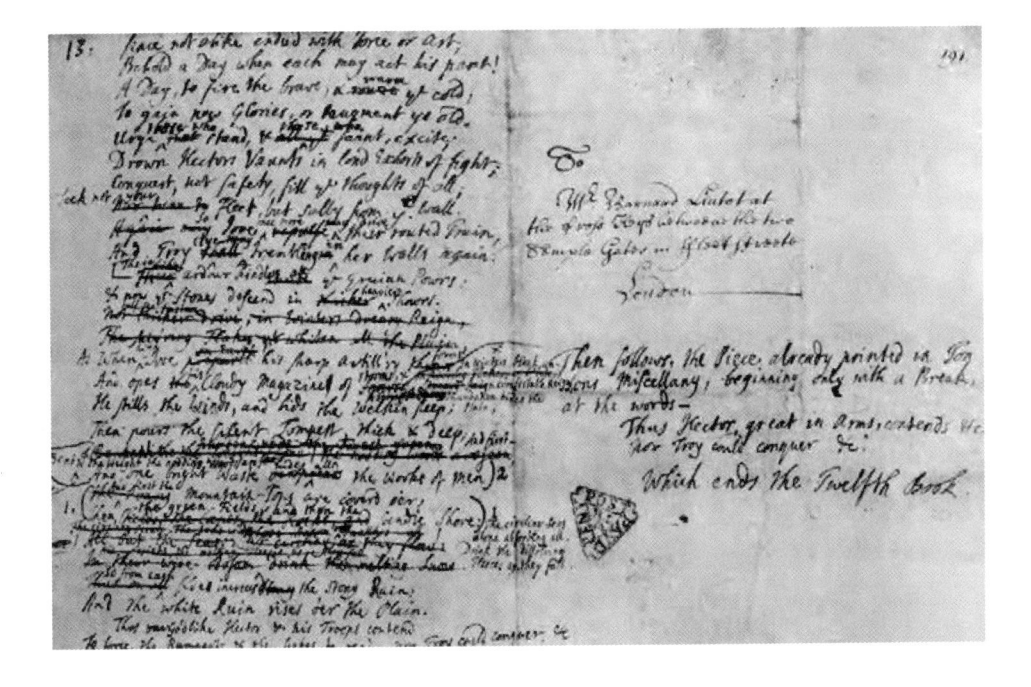

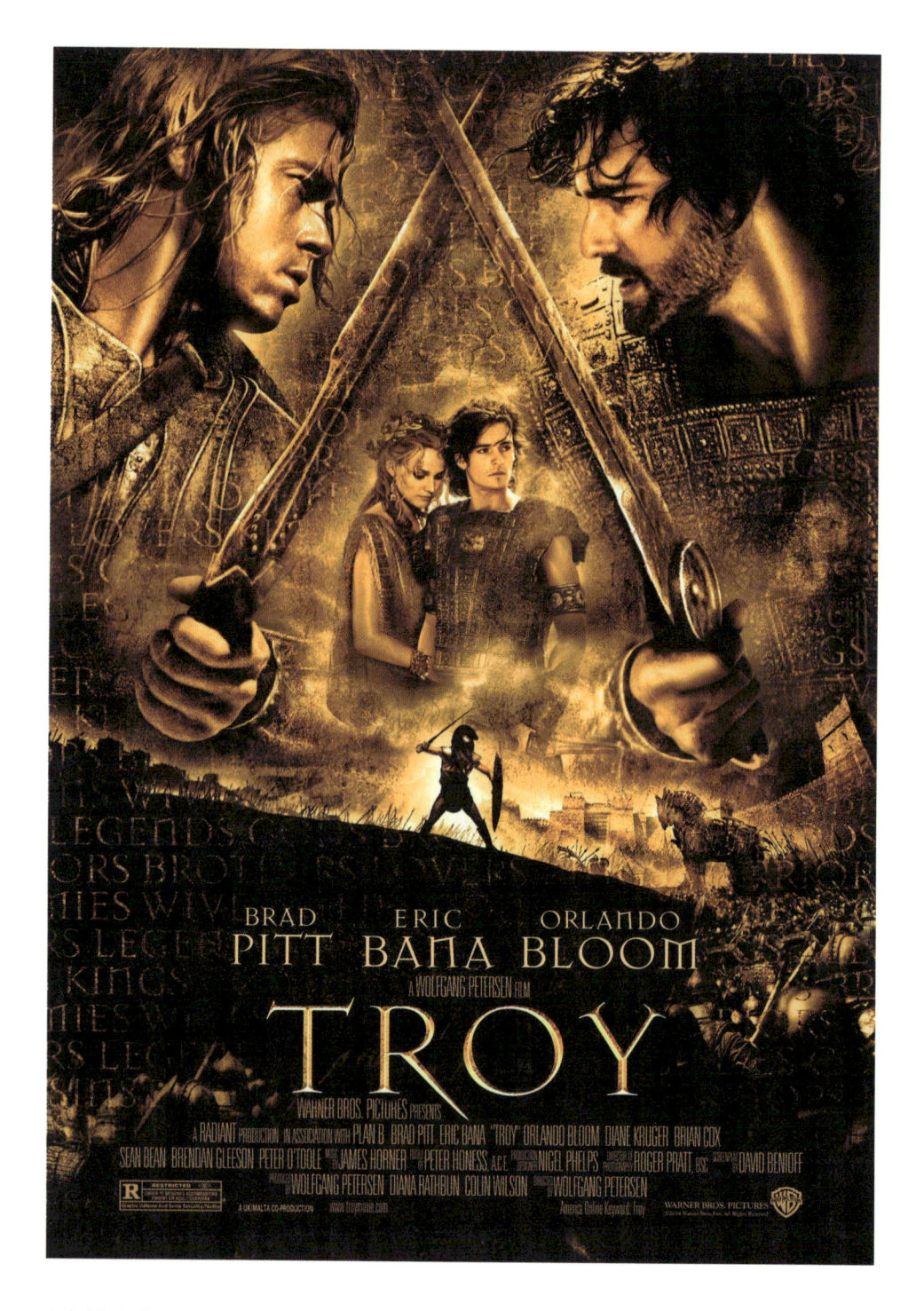

影片《特洛伊》的海报。在电影中，"特洛伊之剑"等新主题被随意嫁接到特洛伊故事中。

青铜时代的希腊地图

下图示意了公元前 1250 年左右的青铜时代晚期，爱琴海和安纳托利亚西部地区的地图。大型城邦皮洛斯、斯巴达、梯林斯和迈锡尼环绕分布在希腊伯罗奔尼撒半岛上的阿尔戈斯中央平原上。这些城邦的王室对财富需求量巨大，而洗劫爱琴海周围的城市能获得巨额钱财。位于安纳托利亚西北角的特洛伊是一个富饶诱人之地。据说在达达尼尔海峡的南部入口，有一千艘迈锡尼船只在特洛伊城下的海滩上登陆。

据称，迈锡尼人在这里扎营十年围攻特洛伊。但根据传说，只有使用诡计才能让战士进入特洛伊城的高墙之内。

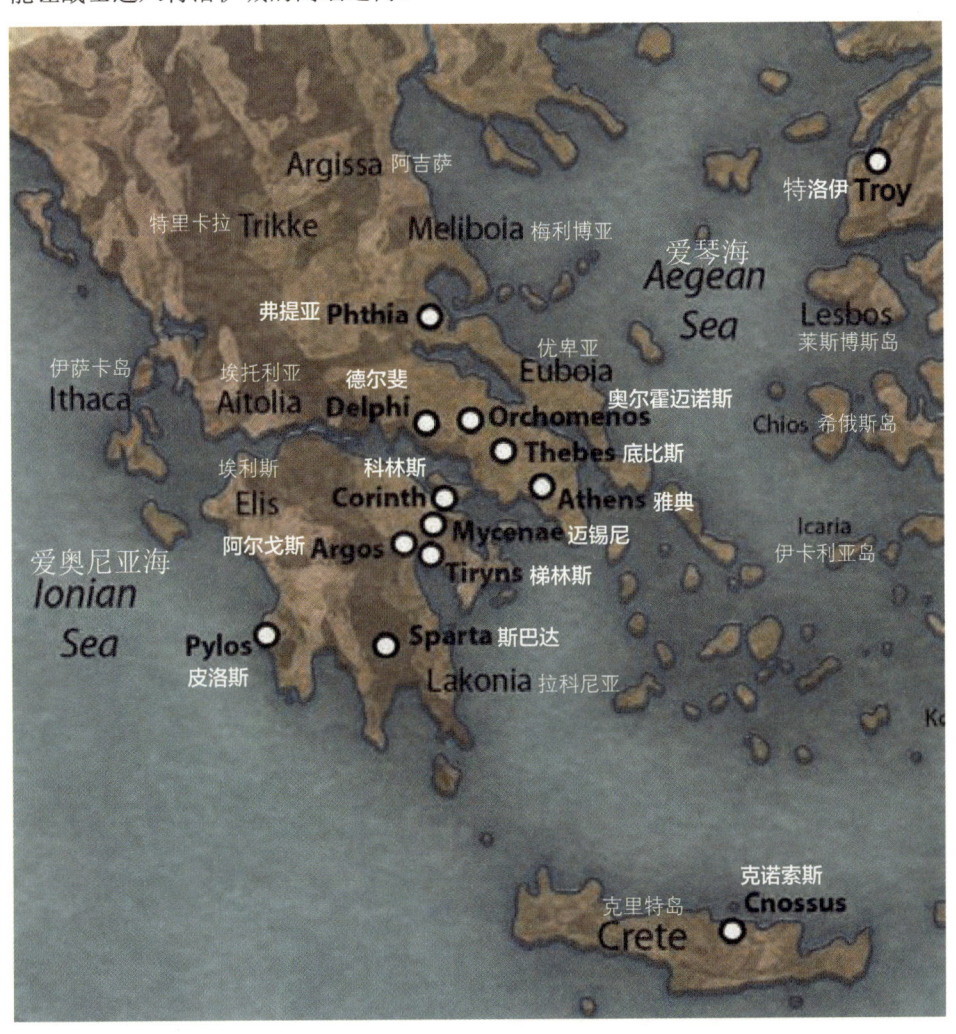

图书在版编目（CIP）数据

特洛伊 /（英）本·哈伯德著；章姗姗译. —广州：广东人民出版社，2024.4
书名原文：Troy
ISBN 978-7-218-16778-7

Ⅰ.①特⋯　Ⅱ.①本⋯　②章⋯　Ⅲ.①特洛伊战争—通俗读物　Ⅳ.①K125-49

中国国家版本馆CIP数据核字（2023）第145502号

Copyright © 2018 Amber Books Ltd., London
Copyright in the Chinese language translation（simplified character rights only）© 2024 Beijing Creative Art Times International Culture Communication Company

This edition of TROY published in 2024 is published by arrangement with Amber Books Ltd. through Copyright Agency of China.Originally published in 2018 by Amber Books Ltd.
本书简体中文版专有版权经由中华版权代理有限公司授予北京创美时代国际文化传播有限公司。

TELUOYI
特洛伊
［英］本·哈伯德　著　章姗姗　译　　　　　版权所有　翻印必究

出 版 人：肖风华

责任编辑：寇　毅
责任技编：吴彦斌　马　健

出版发行：广东人民出版社
地　　址：广州市越秀区大沙头四马路10号（邮政编码：510199）
电　　话：（020）85716809（总编室）
传　　真：（020）83289585
网　　址：http://www.gdpph.com
印　　刷：北京中科印刷有限公司
开　　本：710毫米×1000毫米　1/16
印　　张：16　　字　　数：264千
版　　次：2024年4月第1版
印　　次：2024年4月第1次印刷
定　　价：78.00元

如发现印装质量问题，影响阅读，请与出版社（020-87712513）联系调换。
售书热线：（020）87717307

出品人：许　永
出版统筹：林园林
责任编辑：寇　毅
特邀编辑：尹　璐
封面设计：刘晓昕
内文制作：万　雪
印制总监：蒋　波
发行总监：田峰峥

发　　行：北京创美汇品图书有限公司
发行热线：010-59799930
投稿信箱：cmsdbj@163.com

创美工厂
官方微博

创美工厂
微信公众号

小美读书会
公众号

小美读书会
读者群